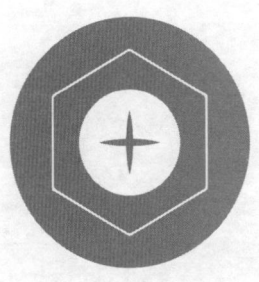

ENTENDENDO A IGREJA

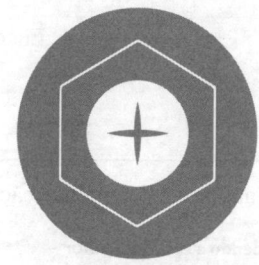

Entendendo
o ceia do Senhor

BOBBY JAMIESON

J32e Jamieson, Bobby, 1986-
        Entendendo a ceia do Senhor / Bobby Jamieson ;
        [tradução: Camila Teixeira e William Teixeira]. – São
        Paulo: Fiel, 2019.

        – (Entendendo a igreja).
        Tradução de: Understanding the Lord's Supper.
        ISBN 9788581326689 (brochura)
               9788581326696 (epub)
               9788581326702 (audiolivro)

        1. Eucaristia. I. Título. II. Série.

                                                    CDD: 234.163

Catalogação na publicação: Mariana C. de Melo Pedrosa – CRB07/6477

Entendendo a ceia do Senhor –
Entendendo a Igreja
Traduzido do original em inglês
Understanding the Lord's Supper – Church Basics
por Robert Bruce Jamieson
Copyright © 2016 por Robert Bruce Jamieson
e 9Marks

∎

Originalmente publicado em inglêspor B&H
Publishing Group, com todos os direitos inter-
nacionais pertencentes a 9Marks.
525 A Street NE, Washington DC 20002.

Esta edição publicada por acordo com 9Marks.
Todos os direitos reservados.

Os textos das referências bíblicas foram extraí-
dos da versão Almeida Revista e Atualizada,
2ª ed. (Sociedade Bíblica do Brasil), salvo
indicação específica.

Copyright © 2018 Editora Fiel
Primeira edição em português: 2019
Todos os direitos em língua portuguesa reservado
por Editora Fiel da Missão Evangélica Literária
PROIBIDA A REPRODUÇÃO DESTE LIVRO POR QUAISQUER
MEIOS SEM A PERMISSÃO ESCRITA DOS EDITORES, SALVO
EM BREVES CITAÇÕES, COM INDICAÇÃO DA FONTE.

∎

Diretor: Tiago J. Santos Filho
Editor-chefe: Tiago J. Santos Filho
Editor: Vinicius Musselman Pimentel
Coordenação Editorial: Gisele Lemes
Tradução: Camila Teixeira e William Teixeira
Revisão: R&R Edições e Revisões
Diagramação: Rubner Durais
Capa: Rubner Durais
E-book: Rubner Durais
ISBN impresso: 978-85-8132-668-9
ISBN e-book: 978-85-8132-669-6
ISBN audiolivro: 978-85-8132-670-2

Caixa Postal 1601
CEP: 12230-971
São José dos Campos, SP
PABX: (12) 3919-9999
www.editorafiel.com.br

SUMÁRIO

Prefácio da Série *Entendendo a igreja* 7

Apresentação à edição em português 11

Introdução 15

PARTE 1: BREVES RESUMOS

1. A refeição rápida 21
2. Selado com sangue 25
3. A companhia correta 29
4. Reunião 35
5. O melhor para o fim. 39

PARTE 2: EXPLICANDO O SINAL

6. O que é a ceia do Senhor? 47
7. O que a ceia do Senhor faz de nós? 61

PARTE 3: CELEBRANDO A CEIA DO SENHOR

8. Que reunião pode celebrar a ceia do Senhor? 73
9. Quem pode participar da ceia do Senhor? 79
10. Quem deve conduzir a ceia do Senhor? 93
11. Como as igrejas devem celebrar a ceia do Senhor? 97
12. Como os indivíduos devem se aproximar da ceia do Senhor? ..103

PREFÁCIO DA SÉRIE ENTENDENDO A IGREJA

A vida cristã é vivida no contexto da igreja. Essa convicção bíblica fundamental caracteriza todos os livros da série *Entendendo a igreja*.

Essa convicção, por sua vez, afeta a forma como cada autor trata o seu tópico. Por exemplo, *Entendendo a ceia do Senhor* afirma que a Santa Ceia não é um ato privado e místico entre você e Jesus. É uma refeição familiar em torno da mesa na qual você tem comunhão com Cristo e com o povo de Cristo. *Entendendo a Grande Comissão* afirma que a Grande Comissão não é uma licença para que alguém, de forma totalmente autônoma, se dirija às nações com o testemunho de Jesus. Trata-se de uma responsabilidade dada a toda a igreja para ser cumprida por toda a igreja. *Entendendo a autoridade da congregação* observa que a autoridade da igreja não repousa apenas sobre os líderes, mas sobre toda a congregação. Cada membro tem um trabalho a fazer, incluindo você.

Cada livro foi escrito *para* o membro comum da igreja, e esse é um ponto crucial. Se a vida cristã é vivida no contexto da igreja, então você, crente batizado e membro de igreja, tem a responsabilidade de entender esses tópicos fundamentais. Assim como Jesus o responsabiliza pela promoção e proteção da mensagem do evangelho, ele também o responsabiliza pela promoção e proteção do povo do evangelho, a igreja. Estes livros explicarão como.

Você é semelhante a um acionista na corporação do ministério do evangelho de Cristo. E o que os bons acionistas fazem? Estudam a sua empresa, o mercado e a concorrência. Eles querem tirar o máximo proveito de seu investimento. Você, cristão, investiu sua vida inteira no evangelho. O propósito desta série, então, é ajudá-lo a maximizar a saúde e a rentabilidade do Reino de sua congregação local para os fins gloriosos do evangelho de Deus.

Você está pronto para começar a trabalhar?

Jonathan Leeman
Editor de Série

LIVROS DA SÉRIE ENTENDENDO A IGREJA

Entendendo a Grande Comissão,
Mark Dever

Entendendo o batismo,
Bobby Jamieson

Entendendo a ceia do Senhor,
Bobby Jamieson

Entendendo a autoridade da congregação,
Jonathan Leeman

Entendendo a disciplina na igreja,
Jonathan Leeman

Entendendo a liderança da igreja,
Mark Dever

APRESENTAÇÃO À EDIÇÃO EM PORTUGUÊS

Por que se importar com um livro sobre a ceia do Senhor? Bem, se a ordem de Jesus para a celebrarmos em memória dele — "fazei isto em memória de mim" (Lc 22.19) — não o convencer da importância deste tema, não sei se apresentar qualquer outra razão valerá, de fato, a pena. Afinal, o Senhor ordena e seus servos obedecem. Esse é o significado mais profundo de se ser discípulo de Jesus: eles aprendem e guardam todas as coisas que Cristo, investido de toda a autoridade recebida do própria Pai, nos tem ordenado (Mt 28.20).

Em tempos quando a submissão e a obediência a qualquer mandamento, regra ou verdade proposicional estão sendo tão tripudiadas como agora — quando todo mundo faz o que dá na cabeça, porque faz se sentir bem e melhor ou produz algum resultado, o simples fato de se buscar compreender adequadamente alguma coisa (à luz de sua verdade estabelecida) para, assim, melhor se obedecer, já é em si uma virtude que fará muito bem ao cristão e à igreja de Jesus Cristo. A ceia do Senhor é um desses temas carentes de melhor compreensão.

Não são poucos os que têm uma visão mística ou mágica da celebração da Ceia, como se a cerimônia em si, à parte do esclarecimento do evangelho de Deus e praticada com fé em Cristo somente, conferisse algum tipo de graça. Há ainda os que dela participam como se estivessem em campanha ou participando de alguma corrente de fé (na fé!) para se obter bênçãos ou resultados, via de regra materiais e até sentimentais.

Sem falar daqueles que olham para essa ordenança de Jesus — ou sacramento cristão — de uma forma meramente ritualística, morta, desprovida de qualquer vitalidade espiritual e sem qualquer paixão pela glória de Deus na obra expiatória de Jesus Cristo no lugar do pecador. Diria que é tudo uma pena, se não fosse uma tragédia. Tão cara para as igrejas de Cristo quanto mal interpretada por grande parte daquelas que a celebram, a "mesa do Senhor" (1Co 10.21) precisa ser biblicamente melhor compreendida para ser adequadamente explicada e praticada, e assim cumprir o seu papel na vida dos crentes e da igreja.

O evangelho de Jesus Cristo, o Filho eterno de Deus, é o tesouro da igreja. Além de ser produto do evangelho, a igreja também o protege e o proclama. Sem o evangelho não haverá salvação (ver 1Co 15.1–4) e, consequentemente, não existirão igrejas (ver Mt 16.13–20). A igreja, por sua vez, se reúne para ouvir o evangelho através da pregação, cantar o evangelho em seus salmos, hinos e cânticos espirituais, orar o evangelho e demonstrar o evangelho na celebração das ordenanças de Jesus Cristo: o batismo e a ceia do Senhor. Thomas Watson, pastor puritano inglês do século XVII (1620–1686), por exemplo, foi sublime ao descrever a ceia do Senhor como um sermão visível, um espelho no qual contemplamos o Salvador que nos substituiu, a casa do banquete na qual nos alimentamos dele pela fé, e um vislumbre da glória celestial.

De modo louvável, Bobby Jamieson, nesta obra sucinta, didática e prática, deixará claro, pela Bíblia e com o foco no evangelho da glória e da graça de Deus, o que é a ceia do Senhor, quem deve celebrá-la, como, quando e por que celebrá-la na igreja de Jesus Cristo. Leia, portanto, este livro e entenda o significado da ceia do Senhor, não só para a sua vida pessoal – o cristão vivendo diante de Cristo –, mas também para a sua vida comunitária – o cristão vivendo no corpo de Cristo.

Pr. Leandro B. Peixoto
Segunda Igreja Batista em Goiânia

INTRODUÇÃO

Há algo sobre uma refeição que pode fazer você se sentir em casa — ou simplesmente o contrário. Poucas coisas são mais reconfortantes do que desfrutar de comida caseira com familiares ou amigos amorosos. E poucas coisas fazem você se sentir mais como um estranho do que comer comida que você nunca ouviu falar, com pessoas que nunca conheceu antes, em um lugar cujos costumes são um mistério. Algum tempo atrás, eu e minha família nos mudamos para a Inglaterra, onde uma tarefa culinária tão minúscula como comer ervilhas é imbuída de um significado social. Ervilhas!? É, eu sei.

Se você já perguntou à maioria dos cristãos se eles fazem uma refeição na igreja, eles provavelmente dirão algo como: "Bem, não, nós não fazemos uma refeição na igreja, mas de vez em quando temos uma confraternização depois do culto". E, em certa medida, isso é verdade.

Mas, e quanto à ceia do Senhor? Claro, provavelmente ela não é suficiente para encher o estômago, contudo, vocês realmente estão sentados juntos comendo e bebendo. O que essa refeição diz sobre Jesus e sobre o seu povo? O que essa refeição tem a ver com pertencer à família de Jesus? Este pequeno livro é um guia bíblico sobre a ceia do Senhor. Destina-se a todos os cristãos, a qualquer um que esteja interessado em aprender mais sobre essa refeição que Jesus nos deu. Algumas seções serão mais relevantes para os líderes da igreja, mesmo assim foram escritas com toda a igreja em mente.

Tenho três objetivos neste livro, e todos se sobrepõem:

1. Considerar a Bíblia. O primeiro é examinar, resumir e sintetizar os ensinos da Bíblia sobre a ceia do Senhor. Essa é a principal tarefa dos capítulos 1 a 7. Os primeiros cinco capítulos são breves resumos do ensinamento da Bíblia sobre a ceia do Senhor: a Páscoa que a prefigura (capítulo 1), a instituição de Jesus (capítulo 2), as instruções de Paulo em relação a ela (capítulos 3–4) e a festa de casamento do Cordeiro que ela antecipa (capítulo 5). O capítulo 6 interliga tudo isso e dá uma definição da ceia do Senhor.

2. Conectar a ceia e a igreja. O capítulo 7 é onde meu segundo objetivo passa para o primeiro plano, embora sempre tenha estado em mente: mostrar como a ceia do Senhor se relaciona com a igreja local. A ceia do Senhor realmente desempenha um papel importante em fazer da igreja uma igreja, unindo muitos e os tornando um. Poucos cristãos — e, até mesmo, poucos pastores — têm pensado cuidadosamente sobre o modo como a ceia do Senhor está ligada à igreja local. Então, quero ensinar sobre o significado que a ceia do Senhor tem em moldar uma igreja.

3. Fornecer conselhos práticos. O meu terceiro objetivo é fornecer conselhos bíblicos e práticos sobre como as igrejas e os cristãos individuais devem celebrar a ceia do Senhor. Assim, nos capítulos 8 a 12, faço uma série de perguntas e as respondo com base no quadro bíblico esboçado nos capítulos de 1 a 7: Que reunião pode celebrar a ceia do Senhor? Quem pode participar da ceia do Senhor? Quem deve conduzir a ceia do Senhor? Como as igrejas devem praticar a ceia do Senhor? E, finalmente, como os indivíduos devem se aproximar da ceia do Senhor?

Este pequeno livro tem um irmão chamado *Entendendo o batismo*. Os dois se complementam. Algumas questões brevemente abordadas aqui são tratadas mais profundamente lá. Além disso, antes de escrever esses livros mais breves, escrevi um mais longo chamado *Going public: Why baptism is required for church membership*[1]. Os capítulos 6 e 7 deste livro resumem alguns dos argumentos do capítulo 6 daquele livro

---

1 Bobby Jamieson, *Going Public: Why Baptism Is Required for Church Membership* (Nashville, Tennessee: B&H Publishing Group, 2015).

mais extenso, e uso algumas outras pequenas partes na qual os dois se sobrepõem. Meus agradecimentos à editora por me deixar retirar uma parte da refeição para que eu possa servi-la aqui.

Espero que esta introdução tenha estimulado o seu apetite pelo restante do livro. Vamos começar onde as raízes bíblicas da ceia do Senhor começam: com a realização de uma refeição.

PARTE 1

Breves resumos

CAPÍTULO 1

A REFEIÇÃO RÁPIDA

Quando Deus tirou o povo da terra do Egito, ele pediu que eles fizessem uma refeição rapidamente. Ou pelo menos comesse algo apressadamente. E essa refeição em curso definiu uma nação. A refeição lhes contava sobre quem eram, de onde vieram e o que Deus fez para salvá-los.

Os descendentes de Jacó estavam sendo esmagados sob o calcanhar de Faraó, e, para Deus, aquilo já havia acontecido o suficiente. Ele lembrou-se da promessa que fez a Abraão de levar a sua descendência à terra de Canaã (Gn 15.12–17; Êx 2.23–25). Então, enviou Moisés e Arão para exigir que Faraó deixasse o seu povo partir. Mas, Faraó não deixou seus preciosos escravos irem. Então, Deus lançou uma praga após outra sobre os egípcios (Êx 4–10). Finalmente, Deus declarou que mataria todos os filhos primogênitos do Egito, porque Faraó se recusou a deixar Israel, o primogênito de Deus, partir (Êx 4.22–23, 11.1–10).

O cenário é preparado para a saída de Israel. E, na véspera da sua libertação, Deus diz ao povo que sacrifique um cordeiro ou um cabrito de um ano de idade, esparja o sangue sobre as ombreiras e as vergas das portas da frente, asse o animal e coma a sua carne — tudo isso — naquela noite (Êx 12.1–8). Eles deveriam assá-lo e comê-lo com pães ázimos e ervas amargas (v. 8). O Senhor até mesmo lhes diz como deveriam comer: "Desta maneira o comereis: lombos cingidos, sandálias nos pés e cajado na mão; comê-lo-eis à pressa; é a Páscoa do SENHOR" (v. 11). Esse não é um longo banquete; é comida para a viagem.

Porém, é mais do que uma refeição. O sangue nas suas portas é a salvação do povo:

> "Passarei pela terra do Egito e ferirei na terra do Egito todos os primogênitos, desde os homens até aos animais; executarei juízo sobre todos os deuses do Egito. Eu sou o SENHOR. O sangue vos será por sinal nas casas em que estiverdes; quando eu vir o sangue, passarei por vós, e não haverá entre vós praga destruidora, quando eu ferir a terra do Egito" (vv. 12–13).

Por que Deus salvou o seu povo? Não porque mereciam viver enquanto os egípcios não mereciam. A razão pela qual Deus poupou o seu povo era que eles estavam cobertos pelo sangue de um sacrifício.

Deus ordenou ao seu povo que celebrasse essa refeição da Páscoa como um memorial anual (vv. 14–20, 24–27). Ao mesmo tempo, todos os anos, os israelitas deveriam tirar o fermento de suas casas, sacrificar o animal da Páscoa e comê-lo com pães ázimos e ervas amargas.

Todos os anos, essa celebração comemoraria o modo como Deus os libertou do Egito. As crianças aprenderiam, com essa refeição, como Deus salvou e poupou o povo (vv. 26–27). Todos os anos, os israelitas celebrariam o dia em que Deus os libertou e cumpriu a sua promessa de torná-los o seu povo.

Essa refeição marcou o nascimento de sua nação. Quem é Israel? As pessoas resgatadas por Deus do Egito. E a Páscoa os lembrava, ano após ano, de que eles eram um povo — as únicas pessoas — que Deus libertou da escravidão e tomou para ser seu.

É por isso que apenas os israelitas, e não os estrangeiros, podiam comer da Páscoa (v. 43). Se um estrangeiro quisesse celebrar a Páscoa, ele e os homens em sua casa teriam de ser circuncidados primeiro, tornando-se "como o natural da terra" (v. 48). A Páscoa definia a identidade de Israel e, portanto, a membresia de Israel: "Toda a congregação de Israel o fará" (v. 47), e somente a comunidade de Israel poderia celebrá-la.

Então, ano após ano, de geração em geração, o povo de Israel deveria celebrar a Páscoa. Deus disse a essa primeira geração: "Naquele mesmo dia, contarás a teu filho, dizendo: É isto pelo que o SENHOR me fez, quando saí do Egito" (Êx 13.8). Mas, obviamente, não apenas a primeira geração de pais israelitas deveria dizer isso. Em outra celebração anual, as futuras gerações de Israel foram ordenadas a verem a si mesmas no Êxodo do Egito, dizendo: "Os egípcios nos maltrataram, e afligiram... o SENHOR ouviu a nossa voz" (Dt 26:5–8). Da mesma forma, toda geração de Israel deveria dizer: "Esta Páscoa é por causa do que o Senhor fez por *mim* quando saí do Egito. Esta redenção não era apenas para eles naquele tempo; é para nós, agora".

No Êxodo, Deus salvou um povo para si mesmo através do sangue de um sacrifício. Ele os libertou da escravidão e os tornou seus. E na noite anterior a esse grande ato de libertação, ele lhes deu uma refeição para que comemorassem continuamente. Essa refeição definia as pessoas. Todos a celebravam, e ninguém além deles poderia participar. Ao recontar a história de sua salvação, essa refeição trazia o ato de libertação de Deus para o presente. Isso anunciava a todos os israelitas que eles tinham sido escravos e que seu Deus é um Deus que resgata.

CAPÍTULO 2

SELADO COM SANGUE

Qual é a promessa mais séria que você já fez? Como você confirmou ou atestou essa promessa?

Quando você compra uma casa, sua promessa de pagar o proprietário assume a forma de um contrato assinado que legalmente o obriga a cumprir sua palavra. Quando vão se casar, marido e mulher proferem votos diante de testemunhas e, muitas vezes, trocam anéis como um sinal de sua promessa.

Quando Jesus efetuou a maior promessa de Deus para o seu povo, ele a selou com seu próprio sangue. Na noite anterior à sua crucificação, Jesus celebrou a refeição da Páscoa com os seus discípulos (Lc 22.14–15). Mas ele transformou a Páscoa em algo novo, algo que não apontava para a libertação do Egito, mas para a libertação que Deus realizou na cruz (Mt 26.17–28; Mc 14.12–26; Lc 22.7–22).

Lucas nos diz que Jesus ansiava por essa refeição com seus discípulos: "Chegada a hora, pôs-se Jesus à mesa, e com ele os apóstolos. E disse-lhes: Tenho desejado ansiosamente comer convosco esta Páscoa, antes do meu sofrimento" (Lc 22.14-15). O ensinamento bíblico sobre a Páscoa pressupõe que as famílias celebrarão a refeição juntas. É por isso que os pais são ordenados a explicar o seu significado para os seus filhos (Êx 13.14). Mas essa Páscoa é diferente. Ao celebrar a Páscoa com seus discípulos, Jesus transforma amigos em família. Jesus está dizendo que a sua família é formada por aqueles que recebem o seu sacrifício.

No meio dessa refeição da Páscoa, Jesus "tomando um pão, tendo dado graças, o partiu e lhes deu, dizendo: Isto é o meu corpo oferecido por vós; fazei isto em memória de mim" (Lc 22.19). E "semelhantemente, depois de cear, tomou o cálice, dizendo: Este é o cálice da nova aliança no meu sangue derramado em favor de vós" (Lc 22.20). Jesus está reconstruindo a Páscoa para dizer aos seus discípulos como compreender a morte que ele está prestes a morrer. Certamente, isso não foi por acaso. Isso não está pegando Jesus de surpresa ou acontecendo contra a sua vontade. Em vez disso, Jesus *oferecerá* o seu corpo por seus discípulos (Lc 22.19). Ele derramará o seu sangue "em favor de muitos, para remissão de pecados" (Mt 26.28).

A morte de Jesus, finalmente, trará à vida a nova aliança prometida por Deus: "Este é o cálice da nova aliança no meu sangue derramado em favor de vós"

(Lc 22.20). Séculos antes, Deus havia prometido fazer uma nova aliança com o seu povo (Jr 31.31–34). Nessa nova aliança, Deus escreveria a sua lei sobre o coração do povo, transformando-os de dentro para fora para que amassem o que ele ama e fizessem o que ele ordena. Todos o conheceriam, do menor ao maior. Deus perdoaria os seus pecados completamente e não se lembraria mais deles.

Tudo isso, Jesus está dizendo, acontecerá agora por meio de sua morte. Deus vai selar a sua promessa de uma nova aliança no sangue de Jesus.

Jesus tomou o pão e disse: "Este é o meu corpo". Ele pegou o cálice e disse: "Este é o meu sangue" (Mt 26.26–28). Como ele pode identificar os elementos dessa refeição consigo mesmo desse modo? Ele está fazendo do pão e do vinho um sinal da nova aliança. Ele está relacionando-os à promessa da nova aliança de Deus, assim como relacionamos um anel com um voto de casamento. Eu poderia dizer à minha esposa: "Este anel é minha promessa de amá-la e valorizá-la, de cuidar de você e prover para você. Ao vê-lo em seu dedo, lembre-se do meu compromisso com você".

Jesus não está dizendo que o pão e o vinho se transformam em algo que não eram antes. Em vez disso, ele está designando o sinal por aquilo para o qual eles apontam. E porque Jesus fez do pão e do vinho um sinal da promessa da nova aliança de Deus, ele ordena aos seus discípulos que repitam essa refeição, lembrando-se dele: "Isto é o meu corpo oferecido por vós; fazei isto em memória de mim" (Lc 22.19). Assim como a Páscoa era um memorial que deveria ser repetido regularmente (Êx 12.14), Jesus transformou essa Última Ceia com seus discípulos em um novo memorial, uma nova refeição que define a identidade e a comunidade daqueles que são salvos pela morte de Jesus.

Na cruz, Deus salvou um povo para si mesmo através do sangue do sacrifício de Jesus. Ele os libertou do pecado e os tornou seus. E na noite anterior a esse grande ato de libertação, Jesus lhes deu uma refeição para celebrarem continuamente. Como veremos nos próximos capítulos, essa refeição define o novo povo de Deus em Cristo. Todos a celebram, e ninguém além deles deveria celebrá-la. Ao recontar a história de nossa salvação, essa refeição traz o ato de libertação de Deus para o presente; ela diz a todo cristão que estávamos perdidos no pecado, e que o nosso Senhor Jesus é o Deus que salva.

CAPÍTULO 3

A COMPANHIA CORRETA

No topo da lista de preocupações da maioria dos pais sobre os seus filhos, está que eles não tenham amizade com pessoas erradas. Às vezes, isso leva à paranoia superprotetora. Mais frequentemente, isso reflete a noção básica da natureza humana: nos tornamos semelhantes àqueles com quem passamos tempo. Como um pai amoroso, o apóstolo Paulo estava preocupado com a companhia que a igreja em Corinto estava mantendo. Mas as apostas eram superiores à decisão de agrupar com os atletas, mauricinhos ou maconheiros.

Em 1 Coríntios 10.14–22, o apóstolo Paulo adverte esses crentes a não participarem de refeições sacrificais em honra aos deuses pagãos. Em vez disso, ele roga: "Portanto, meus amados, fugi da idolatria" (v. 14). Para fortalecer o seu argumento, Paulo primeiro se refere à ceia do Senhor: "Porventura, o cálice da bênção que abençoamos não é a comunhão do sangue de Cristo? O pão que partimos não é a comunhão do corpo de Cristo? Porque nós, embora muitos, somos unicamente um pão, um só corpo; porque todos participamos do único pão" (vv. 16–17).

O ponto principal de Paulo é que, quando participamos da ceia do Senhor, compartilhamos juntos os benefícios da morte de Cristo. E porque temos comunhão com Cristo, temos comunhão uns com os outros. Na ceia do Senhor, mantemos comunhão com Cristo e com a igreja.

Depois, Paulo se refere a como, sob a antiga aliança, os israelitas que ofereceram sacrifícios "participavam" do que era oferecido no altar (v. 18). Eles se identificavam com o sacrifício e recebiam os seus benefícios. E Paulo não quer que os Coríntios se identifiquem com falsos deuses e busquem se beneficiar deles!

Em seguida, Paulo evita o mal-entendido: "Que digo, pois? Que o sacrificado ao ídolo é alguma coisa? Ou que o próprio ídolo tem algum valor? Antes, digo que as coisas que eles sacrificam, é a demônios que as sacrificam e não a Deus; e eu não quero que vos torneis associados aos demônios" (vv. 19–20). Por um lado, os deuses que os pagãos adoram simplesmente não existem: há apenas um Deus (1Co 8.4). Por outro lado, quando os ídolos são adorados como se existissem, tanto refletem quanto convocam a influência demoníaca. E os crentes de Corinto não deveriam ter nenhuma relação com tais poderes malignos.

A fidelidade a Cristo e a fidelidade aos ídolos são mutuamente exclusivas: "Não podeis beber o cálice do Senhor e o cálice dos demônios; não podeis ser participantes da mesa do Senhor e da mesa dos demônios" (1Co 10.21). Jesus é Senhor; os ídolos nada são. Se temos comunhão com os ídolos, não temos comunhão com Cristo. Se tentamos participar de ambos, nós nos arriscamos: "Ou provocaremos zelos no Senhor? Somos, acaso, mais fortes do que ele?" (v. 22). Deus requer nossa fidelidade exclusiva, sincera e íntegra.

Qual é o problema aqui? Paulo não tem nenhum problema com os cristãos manterem companhia com não-cristãos (v. 27). O problema é manterem companhia com os seus deuses.

Embora a ceia do Senhor não seja o foco principal dessa passagem, o ensino de Paulo sobre a ceia do Senhor aqui é, ao mesmo tempo, rico e negligenciado. Em primeiro lugar, essa passagem nos mostra que os primeiros cristãos de fato faziam o que Jesus ordenou; eles compartilhavam o pão e o vinho para celebrar a sua morte por eles. E eles faziam isso como uma igreja local. Paulo presume que toda a igreja à qual ele escreve compartilhava o pão e o vinho, como sendo um (v. 17).

Paulo também descreve o que está acontecendo na ceia do Senhor: estamos compartilhando o sangue e o corpo de Cristo (v. 16). O que esse compartilhamento significa?

Quando os crentes em Jesus participam da ceia do Senhor, experimentamos os benefícios de sua morte por nós. O pão e o vinho são as palavras da promessa feitas visíveis, atraindo nossos corações para as realidades da nova aliança de perdão e reconciliação que Jesus comprou com o seu sangue. Na ceia do Senhor, temos comunhão com Cristo. Mantemos comunhão com Jesus.

E porque mantemos comunhão com Cristo na ceia do Senhor, também mantemos comunhão uns com os outros. Como Paulo diz no versículo 17: "Porque nós, embora muitos, somos unicamente um pão, um só corpo; porque todos participamos do único pão". Nossa comunhão com Cristo cria comunhão uns com os outros. Como igreja local, somos um só corpo *porque* compartilhamos o único pão e tudo o que isso representa. Porque somos unidos a Cristo, estamos unidos uns com os outros nele.

A ceia do Senhor estabelece a companhia que mantemos como cristãos: com Cristo e em Cristo, e com a igreja. Paulo define a identidade cristã em oposição à identidade pagã em termos de refeições mutuamente exclusivas. Se você pertence a Cristo, você come a sua refeição com o povo dele. Você não come a refeição dos demônios. Assim como a Páscoa fazia com Israel, a ceia do Senhor define a identidade da igreja e, portanto, a membresia à igreja. Aqueles que a comem formam um só corpo. E somente aqueles que estão em Cristo devem comê-la.

A ceia do Senhor retrata belamente o que significa ser cristão. Por meio do sacrifício de Cristo por nós na cruz, temos comunhão com ele e também com o seu povo. Na refeição que Jesus nos deu, provamos a bondade dessa dupla comunhão. Na ceia do Senhor, o evangelho se torna não apenas algo que ouvimos, ou mesmo algo que vemos, mas algo que comemos.

CAPÍTULO 4

REUNIÃO

Qual é a maneira de seguramente arruinar um jantar de comemoração? Que tal: apareça antes de todos, coma todos os alimentos e fique bêbado. Isso deve arruiná-lo!

Infelizmente, isso era exatamente o que alguns na igreja de Corinto estavam fazendo quando a igreja se reunia para a ceia do Senhor! Paulo diz aos Coríntios que ele não tem nada a elogiar na celebração deles da ceia do Senhor, "porquanto vos ajuntais não para melhor, e sim para pior" (1Co 11.17). As divisões que fraturam a vida deles como igreja estão zombando da ceia do Senhor: "Quando, pois, vos reunis no mesmo lugar, não é a ceia do Senhor que comeis" (v. 20, cf. vv. 18–19). Como assim?

Porque, ao comerdes, cada um toma, antecipadamente, a sua própria ceia; e há quem tenha fome, ao passo que há também quem se embriague. Não tendes, porventura, casas onde comer e beber? Ou menosprezais a igreja de Deus e envergonhais os que nada têm? Que vos direi? Louvar-vos-ei? Nisto, certamente, não vos louvo (vv. 21–22).

Os membros mais ricos da igreja estavam tratando a ceia do Senhor como a sua própria festa particular. Eles estavam satisfazendo a si mesmos e excluindo os pobres, aproveitando a refeição e deixando os outros sem nada.

Em um esforço para destruir a autoindulgência deles, Paulo lembra aqueles crentes daquilo que Jesus disse e fez na Última Ceia. Jesus nos disse que o pão é o seu corpo e o cálice é o novo testamento em seu sangue (vv. 23–25). Paulo, então, conclui: "Porque, todas as vezes que comerdes este pão e beberdes o cálice, anunciais a morte do Senhor, até que ele venha" (v. 26). Participar da ceia do Senhor é proclamar a morte salvífica de Cristo. A ceia anuncia o evangelho.

Porque a ceia do Senhor anuncia o evangelho e também carrega as exigências do evangelho: "Por isso, aquele que comer o pão ou beber o cálice do Senhor, indignamente, será réu do corpo e do sangue do Senhor" (v. 27). É por isso que devemos nos examinar antes de participar (v. 28). Novamente: "pois quem come e bebe sem discernir o corpo, come e bebe juízo para si" (v. 29).

O que significa "discernir o corpo"? Essa é uma expressão difícil, mas creio que basicamente significa compreender e viver a conexão entre o amor a Cristo e o amor ao seu povo. Se você está proclamando a morte de Cristo na ceia do Senhor e reivindicando os benefícios dela como sendo seus, então você está se colocando na mesma posição de todos os outros que confessam e recebem Cristo. Você está se colocando no meio do povo de Cristo ao pé da cruz. E você não pode anunciar a morte do Senhor enquanto despreza o seu povo. A morte do Senhor redime e une o povo do Senhor. Se as suas ações escarnecem e desprezam o povo de Cristo, você está escarnecendo e desprezando a morte de Cristo. Se você celebra a ceia do Senhor de um modo que exclui e envergonha os membros mais pobres da igreja, é como se você estivesse dizendo que Cristo só morreu por você, não por eles.

Então, o ponto principal de Paulo sobre examinar a si mesmo e discernir o corpo não é que devemos nos achegar à ceia do Senhor apenas se não houver pecado em nossa vida ou nenhum pecado que ainda não tenhamos confessado ao Senhor. Nenhum de nós é perfeito, e nenhum de nós pode perceber e confessar perfeitamente os nossos próprios pecados. Em vez disso, o objetivo de Paulo é que devemos nos examinar para assegurar que não fazemos divisão entre o amor a Cristo e o amor a seu povo. Isso também indica que aqueles cujas vidas claramente contradizem a sua reivindicação de seguir a Cristo não devem participar da ceia (veja 1Co 5.9-11). Contudo, a ceia do Senhor deve fortalecer em vez de afastar aqueles de nós que verdadeiramente confiam em Cristo e lutam contra o pecado.

Em resposta àquela celebração chocantemente egocêntrica da ceia, Deus julgou os Coríntios, fazendo alguns deles adoecerem e até mesmo morrerem (v. 30). Então, Paulo nos lembra de que precisamos julgar a nós mesmos corretamente agora para que não sejamos julgados pelo Senhor no fim (vv. 31-32). E Paulo conclui as suas instruções lembrando os Coríntios: "Assim, pois, irmãos meus, quando vos reunis para comer, esperai uns pelos outros. Se alguém tem fome, coma em casa, a fim de não vos reunirdes para juízo. Quanto às demais coisas, eu as ordenarei quando for ter convosco" (vv. 33-34).

A ceia do Senhor é sobre todo o corpo de Cristo se unindo para declarar a morte salvífica de Cristo e se deleitar nela. Trata-se de anunciar a morte de Cristo, tendo comunhão com o corpo de Cristo. Trata-se de nos reunirmos para valorizar a Cristo e cuidar uns dos outros.

CAPÍTULO 5

O MELHOR PARA O FIM

O que os espetáculos de fogos de artifício e o plano divino da redenção têm em comum? Eles guardam o melhor para o fim.

O apóstolo Paulo nos lembra de que fomos salvos em esperança, e a "esperança que se vê não é esperança; pois o que alguém vê, como o espera?" (Rm 8.24). Ao longo de nossas vidas, esperamos pelo que não vemos, e esperamos pacientemente (v. 25).

Mas o que exatamente estamos esperando? A Bíblia, especialmente o livro de Apocalipse, apresenta relatos deslumbrantes sobre como a vida será quando Deus realizar todos os seus propósitos salvíficos. Haverá uma nova criação, um lugar onde Deus habita face a face com o seu povo, um lugar onde há apenas cura, felicidade e santidade.

E no dia em que Deus finalmente unir o seu povo a si mesmo em um casamento infinito e inabalável, haverá uma festa. Essa festa ultrapassará em muito qualquer festa que alguém já tenha ido. Deus está guardando o melhor para o fim.

Jesus se referiu a essa festa quando instituiu a ceia do Senhor. Depois de dizer aos discípulos para beberem o cálice do novo testamento em seu sangue, ele acrescentou: "E digo-vos que, desta hora em diante, não beberei deste fruto da videira, até aquele dia em que o hei de beber, novo, convosco no reino de meu Pai" (Mt 26.29). A ceia do Senhor não apenas olha de volta para a cruz; ela também espera a vinda do reino de Deus; espera um momento em que o próprio Jesus festejará com o seu povo.

É por isso que Paulo nos lembra: "Porque, todas as vezes que comerdes este pão e beberdes o cálice, anunciais a morte do Senhor, até que ele venha" (1Co 11.26). Quando celebramos a ceia do Senhor, não estamos apenas lembrando o passado; estamos tendo uma prova do futuro.

A Escritura chama a igreja de a noiva de Cristo (Ef 5.22–33), mas nesta era estamos noivos, ainda não casados. O casamento está chegando em breve:

> Então, ouvi uma como voz de numerosa multidão, como de muitas águas e como de fortes trovões, dizendo:
> Aleluia! Pois reina o Senhor, nosso Deus, o Todo-Poderoso.

Alegremo-nos, exultemos e demos-lhe a glória,
porque são chegadas as bodas do Cordeiro,
cuja esposa a si mesma já se ataviou,
pois lhe foi dado vestir-se de linho finíssimo, resplandecente e puro.
Porque o linho finíssimo são os atos de justiça dos santos.
Então, me falou o anjo: Escreve: Bem-aventurados aqueles que são chamados à ceia das bodas do Cordeiro. E acrescentou: São estas as verdadeiras palavras de Deus (Ap 19.6–9).

O dia do casamento de Cristo com o seu povo está chegando (v. 7), e os convidados para a festa de casamento são abençoados para sempre (v. 9). É nessa ocasião que Jesus voltará a beber do fruto da videira, conosco, no reino de seu Pai. Então a nossa fé se tornará visível; aqueles que tiveram fome e sede de justiça serão finalmente satisfeitos, e todos os bons desejos que você tem tido serão plenamente cumpridos.

Muito antes da vinda de Cristo, Deus prometeu através do profeta Isaías que esse dia chegaria:

O SENHOR dos Exércitos dará neste monte
a todos os povos um banquete de coisas gordurosas,
uma festa com vinhos velhos, pratos gordurosos
com tutanos e vinhos velhos bem clarificados.

Destruirá neste monte a coberta
que envolve todos os povos
e o véu que está posto sobre todas as nações.
Tragará a morte para sempre,
e, assim, enxugará o SENHOR Deus as lágrimas
de todos os rostos,
e tirará de toda a terra o opróbrio
do seu povo,
porque o SENHOR falou.

Naquele dia, se dirá:
Eis que este é o nosso Deus,
em quem esperávamos, e ele nos salvará;
este é o SENHOR, a quem aguardávamos;
na sua salvação exultaremos e nos alegraremos.
Porque a mão do SENHOR descansará neste monte (Is 25.6–10).

Deus desferirá um golpe mortal na morte, e a tristeza e a vergonha desaparecerão. E naquele dia em que Deus destruirá a morte, ele dará uma comida deliciosa ao seu povo, um povo reunido de todos os povos. Naquele dia, o povo de Deus ficará satisfeito não apenas por Deus, mas em Deus, quando a sua salvação fizer os nossos corações saltarem de alegria.

Naquele dia, a nossa espera cansativa será recompensada. O Deus por quem esperamos, o Deus a quem dedicamos a vida, o Deus a quem nos apegamos quando tudo desmoronou, provará eternamente para todos que somente ele é digno. Naquele dia, não nos restará fazer nada, senão nos alegrarmos em sua salvação.

Por enquanto, confiamos, esperamos e aguardamos. E quando celebramos a ceia do Senhor, olhamos de volta para a cruz e olhamos adiante para o reino vindouro. No pão e no vinho não estão apenas o quebrantamento e a amargura da morte de Jesus, mas também uma antecipação da festa que Deus dará ao seu Filho quando ele o unir à sua noiva para sempre. Como o vinho que Jesus produziu a partir da água no casamento em Caná (Jo 2.10), Deus está guardando o seu melhor para o fim.

PARTE 2

Explicando o sinal

CAPÍTULO 6

O QUE É A CEIA DO SENHOR?

Acabamos de ter cinco perspectivas bíblicas sobre a ceia do Senhor: a Páscoa na qual a ceia é baseada e transformada, a instituição da ceia por Jesus, o ensino de Paulo sobre a ceia em 1 Coríntios 10 e 11 e a festa de casamento do Cordeiro que a ceia antecipa. Agora é hora de unir essas perspectivas em um panorama geral.

Neste capítulo, simplesmente oferecerei uma definição da ceia do Senhor e depois analisarei frase por frase, mostrando como cada elemento surge das passagens que acabamos de estudar.

DEFININDO A CEIA DO SENHOR

O que é a ceia do Senhor?

A ceia do Senhor é o ato de uma igreja de comunhão com Cristo e de uns com os outros, e de celebração da morte de Cristo por meio do partilhar o pão e o vinho, e o ato de um crente de receber os benefícios de Cristo e de renovar o seu compromisso com Cristo e com o seu povo, assim fazendo da igreja um corpo e a distinguindo do mundo.

Vamos analisar cada parte dessa definição.

A ceia do Senhor é o ato de uma igreja

Primeiramente, a ceia do Senhor é o ato de uma igreja. É algo que uma igreja local toda faz, e a faz em unidade. Considere o que Paulo diz em 1 Coríntios 11, em cada caso se referindo à reunião dos Coríntios para a celebração da ceia do Senhor:

- "Porquanto vos ajuntais, não para melhor, senão para pior" (v. 17);
- "Porque antes de tudo ouço que, quando vos ajuntais na igreja, há entre vós dissensões" (v. 18);
- "De sorte que, quando vos ajuntais num lugar, não é para comer a ceia do Senhor" (v. 20);
- "Portanto, meus irmãos, quando vos ajuntais para comer, esperai uns pelos outros [...] para que não vos ajunteis para condenação" (vv. 33–34).

É evidente que, em Corinto, a ceia do Senhor era celebrada por toda a igreja local em uma reunião.

Não era algo que indivíduos, ou famílias, ou grupos pequenos faziam — era algo que a igreja toda fazia. E não há evidências sólidas de que qualquer outra igreja do Novo Testamento a celebrasse de outro modo. A ceia do Senhor é celebrada pela igreja, como uma igreja. A ceia do Senhor não é uma refeição privada entre amigos, mas a celebração pública, feita pela igreja, da comunhão com Cristo e de uns com os outros. A ceia do Senhor não pode ser separada da igreja. Remova a reunião da igreja e você removerá a ceia do Senhor. A ceia do Senhor é o ato de uma igreja.

De comunhão com Cristo e de uns com os outros

Como vimos no capítulo 3, quando celebramos a ceia do Senhor, compartilhamos o corpo e o sangue de Cristo (1Co 10.16). Quando participamos do pão e do vinho pela fé, participamos do corpo de Cristo que foi partido e de seu sangue que foi derramado por nós e que obteve perdão, reconciliação, adoção e todas as demais bênçãos da nova aliança para nós.

É por isso que a ceia do Senhor é muitas vezes chamada de "Comunhão": nela comungamos com Cristo. Temos comunhão com ele. Apreciamos e experimentamos novamente a salvação que ele conquistou na cruz. Assim como nós nos alimentamos do pão e do vinho com a boca, assim nos alimentamos de Cristo em nossos corações pela fé.

E o "nós" é crucial. Como vimos, a ceia do Senhor é o ato de uma igreja. E não é como se fôssemos apenas algumas dúzias ou poucas centenas de pessoas que tivessem devoções privadas particularmente significativas, e estivéssemos juntos na mesma sala. Lembre-se das palavras de Paulo em 1 Coríntios 10.17: "Porque nós, embora muitos, somos unicamente um pão, um só corpo; porque todos participamos do único pão". Na ceia do Senhor, porque temos comunhão com Cristo, também temos comunhão uns com os outros. A ceia do Senhor expressa a nossa união com Cristo e, portanto, a nossa unidade em Cristo. Na ceia do Senhor, comungamos juntos de Cristo e, assim, temos comunhão uns com os outros.

E de celebração da morte de Cristo

Na ceia do Senhor, também celebramos a morte de Jesus: "E, tomando um pão, tendo dado graças, o partiu e lhes deu, dizendo: Isto é o meu corpo oferecido por vós; fazei isto em memória de mim" (Lc 22.19). Esse ato de celebração certamente envolve nos lembrarmos da morte de Jesus e do seu significado. Os atos de partir e comer o pão, de derramar e beber o vinho, representam dramaticamente os acontecimentos do evangelho à nossa visão e ao nosso paladar.

Mas a ceia do Senhor envolve mais do que uma mera lembrança: também, em certo sentido, traz o passado para o presente. Lembre-se do que Deus disse aos que receberam a ordenança da Páscoa: "Naquele mesmo dia, contarás a teu filho, dizendo: É isto pelo que o SENHOR me fez, quando saí do Egito" (Êx 13.8). Cada geração dizia: "Celebro esta refeição por causa de como o Senhor *me* tirou do Egito". Porque as gerações posteriores pertenciam à mesma aliança que Deus fez com o seu povo, elas foram incluídas, por meio dessa aliança, no mesmo evento de salvação que inaugurou a aliança.

Como a Páscoa, na qual se baseia e a qual transforma, a ceia do Senhor também é uma refeição de lembrança da aliança. Ela traz o passado para o presente, estabelecendo as nossas vidas dentro da história salvífica de Jesus. Na ceia do Senhor, cada um de nós diz: "Eu como este pão e bebo este cálice por causa do que o Senhor fez por mim na cruz, quando ele me libertou do meu pecado".

E, como vimos no capítulo 5, a ceia do Senhor também traz o futuro ao presente. Mesmo enquanto olhamos de volta para a cruz, olhamos adiante para o reino que está por vir. Mesmo quando celebramos a sua morte, antecipamos a sua volta. Como Paulo disse: "Porque, todas as vezes que comerdes este pão e beberdes o cálice, anunciais a morte do Senhor, até que ele venha" (1Co 11.26). Na ceia do Senhor, celebramos e anunciamos o significado salvífico da morte de Cristo na cruz.

Por meio do partilhar o pão e o vinho

Na Última Ceia, Jesus separou dois elementos da refeição da Páscoa — pão e vinho — e os designou como símbolos de seu corpo entregue por nós e de seu sangue derramado por nós (Mt 26.26-28; Mc 14.22-24; Lc 22.17-20). Na ceia do Senhor, toda a igreja participa do pão e do vinho e, assim, anuncia os benefícios da morte de Cristo e participa deles.

Parece que, no Novo Testamento, a ceia do Senhor foi celebrada no contexto de uma refeição (1Co 11.20-22, possivelmente At 2.42, 20.7; Jd 12). Eu amaria ver mais igrejas recuperarem essa prática, mas não acho que ela seja essencial para a ordenança da ceia do Senhor. O que Jesus nos mandou fazer é comer o pão e beber o vinho.

E observe que Jesus nos ordenou fazê-lo. A ceia do Senhor não é algo que a igreja inventou; foi Jesus quem a instituiu. E todo cristão deve participar regularmente da ceia do Senhor em obediência a Jesus e na expectativa de uma comunhão renovada com ele.

E o ato de um crente

Assim como a ceia do Senhor é o ato de uma igreja, também é o ato de um crente. Na ceia do Senhor, você come o pão, bebe o vinho e anuncia a morte do Senhor até que ele venha.

Apenas um crente em Jesus deve participar da ceia do Senhor. Somente aqueles que confiam na morte de

Jesus para salvá-los devem celebrar a morte de Jesus com a igreja. Somente aqueles cuja esperança está na morte de Jesus é que devem anunciar a morte de Jesus. Além disso, lembre-se do alerta de Paulo: "Aquele que comer o pão ou beber o cálice do Senhor, indignamente, será réu do corpo e do sangue do Senhor" (1Co 11.27). Embora o "indignamente" específico que Paulo tenha em mente seja pecar contra os companheiros crentes, como estavam fazendo os Coríntios, o princípio inclui qualquer pessoa que participe sem confiar em Cristo. A ceia do Senhor deve trazer bênção, mas pode trazer juízo (1Co 11.29).

Aqueles no culto que não são cristãos devem ser lembrados pelo fato de não serem convidados a participar da ceia do Senhor de que precisam confiar em Cristo. Eles devem deixar os elementos passar. A ceia do Senhor é uma ordenança evangelística, não no sentido de que ela auxilia na conversão das pessoas, mas no sentido de que enfatiza a necessidade de elas serem convertidas.

De receber os benefícios de Cristo

Na ceia do Senhor, um crente recebe os benefícios de Cristo. Esse é o lado individual de compartilhar o corpo e o sangue de Cristo (1Co 10.16). Isso significa que você não possui esses benefícios antes e à parte da ceia do Senhor? De modo nenhum.

Pense no que acontece na pregação. Você comparece na manhã de domingo já confiando em Cristo. Mas quando o pastor anuncia Cristo a partir das Escrituras, o evangelho volta a você novamente em poder. Naquele momento, você se apossa de Cristo de novo; confia nele mais plenamente; se submete a ele com mais fervor; experimenta o perdão e a paz com Deus de forma mais intensa.

Algo análogo acontece na ceia do Senhor. Cristo já é seu por meio da fé, mas quando você recebe o pão e o vinho, você o recebe de novo. Os símbolos físicos do pão e do vinho auxiliam e fortalecem a sua fé. Na ceia do Senhor, um crente recebe os benefícios de Cristo novamente.

E renovar o seu compromisso com Cristo
e com o seu povo

Então, a ceia do Senhor é, em primeiro lugar, um recebimento. Cristo morreu para inaugurar a nova aliança e obter para nós o perdão; na ceia do Senhor, recebemos tudo o que Cristo fez por nós. A ceia do Senhor é, antes de tudo, uma celebração da obra consumada de Cristo.

Mas ela também reproduz repetidamente a nossa resposta ao evangelho. Quando você toma a ceia do Senhor, efetivamente diz: "O corpo de Jesus foi entregue por mim. O sangue de Jesus foi derramado para perdoar os meus pecados". Ao participar dos elementos, você confessa: "Isso é verdadeiro, e é verdadeiro *em relação mim*. Esse Jesus é o meu Salvador".

E receber Jesus como Salvador também é, sempre, submeter-se a ele como Senhor. Jesus resgata do pecado e de todos os seus efeitos; você não pode dizer que Jesus é o seu resgatador se você se recusa a ser resgatado. Assim, receber os benefícios de Cristo na ceia do Senhor é também renovar o nosso compromisso com Cristo e nossa submissão a ele.

Lembre-se de que a ceia do Senhor é um sinal da nova aliança. Uma aliança é um relacionamento livremente escolhido e confirmado por juramento. E quando Deus fez os juramentos da aliança ao seu povo em todo o Antigo Testamento, ele muitas vezes adicionou um sinal a esse juramento. Um desses sinais, o arco-íris, simplesmente confirmava a promessa de Deus a Noé de nunca mais inundar o mundo (Gn 9.13–15). Em contraste, o sinal da circuncisão que Deus deu a Abraão era um sinal que obrigava aquele que o recebia a guardar a aliança (Gn 17.10–14).

Porém, um paralelo mais próximo à ceia do Senhor é encontrado na refeição pactual de Êxodo 24. Em Marcos 14.24, quando Jesus se refere ao cálice como "meu sangue, o sangue da [nova] aliança", ele ecoa as palavras que Moisés falou quando Deus pactuou com Israel no Monte Sinai: "Eis aqui o sangue da aliança que o SENHOR fez convosco" (Êx 24.8). E você já observou o que aconteceu logo após isso? Moisés e Arão e os anciãos de Israel subiram à presença de Deus no Sinai, onde "eles viram a Deus, e comeram, e beberam" (vv. 9-11). A antiga aliança foi ratificada não apenas pelo sangue sacrificial, mas por uma refeição que o próprio Deus ofereceu.

De forma semelhante, a nova aliança foi inaugurada pelo sangue do sacrifício de Jesus e é repetidamente ratificada em uma refeição que Jesus oferece. Na ceia do Senhor, ambas as partes da nova aliança — Deus e seu povo — atestam o seu compromisso com a aliança. Deus atesta a aliança ao nos apresentar os símbolos do corpo e do sangue de Jesus. Nos elementos, Deus nos anuncia visivelmente a sua promessa de que, se confiamos em Cristo, somos salvos. E quando recebemos os elementos, confirmamos solenemente que recebemos a Cristo como nosso e nos entregamos completamente a ele. Na ceia do Senhor, professamos nossa fé em Cristo ao participarmos dos símbolos de seu corpo e do seu sangue. Comunicamos assim o nosso compromisso com a nova aliança tão certamente como se proferíssemos um juramento verbal.

Como um selo ratifica um documento legal, a ceia do Senhor repetidamente ratifica a nova aliança. Para uma descrição breve, podemos chamar a ceia do Senhor de renovação do sinal de juramento da nova aliança.

É um ato ("sinal") que expressa um compromisso de voto ("juramento") com Cristo, com a sua aliança e com o seu povo. Como logo veremos, o batismo é o sinal de juramento inicial da nova aliança, o ato formal e público pelo qual nos comprometemos com a nova aliança de Cristo. Na ceia do Senhor, repetimos e reafirmamos esse compromisso inicial.

Mas a ceia do Senhor também renova o nosso compromisso com o povo de Cristo. Lembre-se da relação direta que Paulo faz entre proclamar a morte do Senhor e amar o povo do Senhor (1Co 11.17-34). Na ceia do Senhor, porque temos comunhão com Cristo, também temos comunhão uns com os outros. E a ceia do Senhor implica responsabilidade pela igreja. Se você participa do pão e do cálice, você obriga a si mesmo a cuidar do corpo de Cristo. Se você reivindica que Cristo é o seu Salvador na ceia do Senhor, você necessariamente reivindica que o povo de Cristo são seus irmãos e irmãs. O argumento de Paulo aqui encontra um eco em 1 João 4.20: "Se alguém disser: Amo a Deus, e odiar a seu irmão, é mentiroso; pois aquele que não ama a seu irmão, a quem vê, não pode amar a Deus, a quem não vê".

Estar unido a Cristo é estar unido uns aos outros. Você não pode se comprometer com a aliança sem se comprometer com a comunidade da aliança.

Assim, no mesmo ato pelo qual nos comprometemos com Cristo, comprometemo-nos uns com os outros. Receber Cristo em sua mesa é receber, como irmãos e irmãs, todos aqueles que estão sentados ao seu lado. Na ceia do Senhor, renovamos o nosso compromisso com Cristo e com o seu povo.

Assim fazendo da igreja um corpo e a distinguindo do mundo

Esta última parte da definição indica o que acontece como resultado do ato da igreja e do ato do crente. Quando a igreja comunga e celebra, e quando o crente recebe e renova, a igreja se torna um só corpo. Como Paulo diz em 1 Coríntios 10.17: "Porque nós, embora muitos, somos unicamente um pão, um só corpo; porque todos participamos do único pão".

E precisamente porque a ceia do Senhor une muitos em um, ela distingue esse corpo unificado do mundo. Quando uma igreja celebra a ceia do Senhor, o povo de Cristo é evidenciado na terra. Trataremos mais deste ponto no próximo capítulo.

UMA BREVE PAUSA PARA FALARMOS SOBRE O BATISMO

Ao concluir este capítulo, é importante fazer uma pausar para considerar como a ceia do Senhor se compara ao batismo. Como acabamos de ver, a ceia do Senhor é um ato de comunhão com Cristo e de uns com os outros, e celebração da morte de Cristo por meio de partilharmos o pão e o vinho, e o ato de um crente receber os benefícios de Cristo e de renovar o seu compromisso com Cristo e com o seu povo, assim fazendo da igreja um corpo e a distinguindo do mundo. Por outro lado, podemos definir o batismo da seguinte forma: *o batismo é o ato de uma igreja afirmar e representar a união de um crente com Cristo, imergindo-o em água, e o ato de um crente se comprometer publicamente com Cristo e com o seu povo, unindo, assim, um crente à igreja e o distinguindo do mundo.*[2]

Veremos brevemente algumas semelhanças e diferenças entre o batismo e a ceia do Senhor, nem todas elas estão explícitas nestas definições. Primeiramente, as semelhanças. Ambas são ordenadas pelo próprio Jesus (Mt 28.19; Lc 22.19). Ambas são atos de toda uma igreja e de um crente individual: no batismo, a igreja atua através de batizar alguém. Além disso, ambas são um sinal do evangelho. O batismo e a ceia do Senhor expressam, visível e tangivelmente, a nossa união com Cristo e a salvação em Cristo.

Mais especificamente, podemos dizer que ambas são um sinal de juramento da nova aliança. O batismo é o sinal de juramento inicial da nova aliança: é o meio

---

2 Veja o livro "Entendo o batismo", desta série, especialmente o capítulo 1.

formal e público pelo qual nos comprometemos com Cristo. O batismo é o voto solene e simbólico que ratifica publicamente a entrada de uma pessoa na nova aliança. Nós entramos na nova aliança pela fé, e essa fé é pública e se torna visível para todos quando nos submetemos ao batismo.

Quanto às diferenças, a maior é que o batismo é realizado uma só vez, enquanto a ceia do Senhor é regularmente repetida. Além disso, o batismo é algo que a igreja, agindo através de um representante, faz em relação a um indivíduo, enquanto a ceia do Senhor é algo que toda a igreja faz em unidade. Como tal, o batismo expressa a união individual com Cristo e a entrada na igreja, enquanto a ceia do Senhor ressalta a união de toda a igreja com Cristo e, portanto, a união de uns com os outros. O batismo une um crente à igreja, enquanto a ceia do Senhor une a igreja como um único corpo. Como consideraremos mais detalhadamente no próximo capítulo, enquanto o batismo une um a muitos, a ceia do Senhor une muitos em um.

CAPÍTULO 7

O QUE A CEIA DO SENHOR FAZ DE NÓS?

Quando um casal realmente se casa? Quando eles dizem "sim"? Quando o ministro declara que eles são "marido e mulher"? Quando eles consumam o casamento? De certa forma, cada um desses momentos é essencial para o estabelecimento de um casamento. Mas cada um também depende dos outros. É por isso que, por exemplo, se um casamento nunca é consumado, em certo sentido, o casal ainda não está totalmente casado. E essa distinção tem uma implicação legal; cortar esse vínculo é uma anulação, não um divórcio.

O que tudo isso tem a ver com a ceia do Senhor? Parece-me que muitos cristãos pensam na ceia do Senhor como uma devoção privada intensificada. Eu vou à igreja, ouço a Palavra, como o pão e bebo o vinho, lembro-me da morte de Cristo e do perdão de meus pecados e vou para casa. Claro, também associamos a ceia do Senhor à igreja, pelo menos no sentido de que é algo que fazemos quando "vamos à igreja". No entanto, para a maioria dos cristãos, isso é o máximo que vincula a ceia do Senhor à igreja local.

Mas, neste capítulo, quero argumentar que a ceia do Senhor realmente desempenha um papel crucial em unir a igreja. Celebrar a ceia do Senhor juntos é um passo essencial para fazer de uma igreja uma igreja. Em um sentido muito importante, a ceia do Senhor é o momento em que um grupo de cristãos se torna um só corpo. A ceia do Senhor faz com que muitos se tornem um.

Estou tratando dessa questão em um capítulo específico por duas razões. Em primeiro lugar, isso é amplamente ignorado entre os cristãos evangélicos. Eu acho que Paulo claramente ensina que a ceia do Senhor une muitos em um, como logo veremos. Mas poucos pastores e igrejas parecem observar o que Paulo diz e deixar que isso molde as suas opiniões sobre a ceia do Senhor e sobre a igreja. Em segundo lugar, esse aspecto de como a ceia do Senhor constitui uma igreja local é crucial para muitas questões práticas que consideraremos nos próximos capítulos. Para que pensemos com sabedoria sobre como devemos celebrar a ceia do Senhor, precisamos que essa lente bíblica seja colocada firmemente diante de nossos olhos.

COMO A CEIA DO SENHOR FAZ COM QUE MUITOS SE TORNEM UM

Lembre-se das palavras de Paulo em 1 Coríntios 10.16–17, as quais consideramos nos capítulos 3 e 6. Primeiro: "Porventura, o cálice da bênção que abençoamos não é a comunhão do sangue de Cristo? O pão que partimos não é a comunhão do corpo de Cristo?". Paulo lembra os Coríntios de que comer o pão e beber o cálice é desfrutar de comunhão com Cristo e experimentar os benefícios de sua morte.

A partir dessa comunhão "vertical" entre Cristo e os crentes, Paulo extrai uma conclusão "horizontal" no versículo 17: "Porque nós, embora muitos, somos unicamente um pão, um só corpo; porque todos participamos do único pão". A reivindicação central de Paulo nesse versículo é que nós, sendo muitos, somos um só corpo. E ele fundamenta duas vezes essa afirmação ao se referir ao fato de compartilharmos a ceia do Senhor: "Porque nós, embora muitos, somos unicamente um pão, um só corpo; porque todos participamos do único pão". O fato de Paulo repetir o motivo duas vezes pesa contra a consideração do pão como simplesmente representando ou figurando a unidade da igreja. Em vez disso, Paulo baseia a unidade da igreja na celebração da ceia do Senhor. Há um corpo *porque* há um único pão.

Paulo está afirmando que a ceia do Senhor realmente *faz* de muitos um só. A ceia do Senhor reúne o "nós, embora muitos" e nos torna um só corpo. Em outras palavras, a ceia do Senhor constitui uma igreja local. Claro, o ponto principal de Paulo não é sobre o aspecto logístico do pão e do comer, como se uma igreja maior que precisasse de mais de um pão para celebrar a ceia do Senhor não fosse mais uma igreja, mas sim "muitos". Em vez disso, Paulo usa "único pão" como uma breve descrição para a celebração congregacional de toda a igreja unida na ceia do Senhor. O ponto central de Paulo é que, na ceia do Senhor, porque todos compartilhamos da comunhão com Cristo, nossa unidade em Cristo cria o corpo unificado da igreja.[3]

Lembre-se de que a ceia do Senhor é o sinal de juramento da nova aliança. Na ceia do Senhor, renovamos o nosso compromisso com Cristo e o de uns com os outros. E é esse duplo compromisso que faz uma igreja ser uma igreja.

Deus cria uma igreja local em duas etapas. Na primeira etapa, ele cria cristãos. Como? Ele envia pregadores que proclamam Cristo (Rm 10.14-17). Ele envia o seu Espírito para capacitar alguns que ouvem a receber e confessar Cristo (1Co 12.3). Deus faz com

---

3 Sobre essa questão, veja Anthony C. Thiselton, "*The First Epistle to the Corinthians: A Commentary on the Greek Text*", NIGTC (Grand Rapids, MI: Eerdmans, 2000), 767.

que a sua Palavra se torne eficaz em suas vidas, concedendo-lhes nova vida em Cristo (Tg 1.18). Deus cria a sua igreja enviando a sua Palavra e enviando o seu Espírito para tornar a sua Palavra eficaz. Deus cria o povo do evangelho, pessoas que foram salvas ao confiarem em Cristo. Essa é a primeira etapa.

Quando as pessoas vêm a Cristo, elas se tornam membros do seu corpo universal. Elas são espiritualmente uma com ele. Mas, para criar uma igreja, as pessoas não precisam somente ir a Cristo, elas precisam também se unir umas às outras. Elas precisam se unir, e isso exige compromisso. Uma igreja local não nasce automaticamente quando dois ou mais cristãos estão na mesma cidade ou na mesma sala. Caso contrário, sempre que você encontrasse com um cristão no mercado, uma nova igreja surgiria, e ela se dissolveria assim que alguém se dirigisse a outro corredor. Uma igreja é mais do que simplesmente "cristãos" no plural. É mais do que a soma de suas partes. Precisa haver algo unindo umas às outras.

Portanto, para criar uma igreja, o povo do evangelho deve formar um governo do evangelho. Nasce uma igreja quando cristãos se comprometem a ser uma igreja juntos. Esse é o segundo passo. Pense no exemplo do casamento. Um casamento nasce quando um homem e uma mulher se comprometem a ser marido e mulher. O voto cria o casamento.

Da mesma forma, uma igreja nasce quando um grupo de cristãos se compromete uns com os outros para fazerem tudo o que Jesus ordenou às suas igrejas que fizessem juntas: reunirem-se para adoração, edificarem-se mutuamente, carregarem os fardos uns dos outros e celebrarem o batismo e a ceia do Senhor juntos. E isso ainda é obra de Deus, uma vez que é a sua obra salvífica e capacitadora que permite a nossa resposta correta ao evangelho, incluindo a resposta correta de nos comprometermos uns com os outros. O trabalho de Deus e o nosso trabalho não estão em competição. Só podemos nos unir como cristãos porque Deus primeiro nos fez cristãos. Deus cria uma igreja criando cristãos e capacitando esses cristãos a se comprometerem uns com os outros.

Mas, como exatamente um grupo de cristãos pratica esse compromisso? As ordenanças do batismo e da ceia do Senhor desempenham papéis cruciais. No batismo, você se compromete publicamente com Cristo e com o seu povo. O batismo é onde a fé se torna pública. É como um novo crente se manifesta ao mundo e à igreja como crente. Em outras palavras, o batismo distingue um crente do mundo. No batismo, a igreja diz ao mundo: "Essa pessoa pertence a Jesus!".

Na ceia do Senhor, renovamos o nosso compromisso com Cristo e com o seu povo. Mas, diferente do batismo, a ceia do Senhor é algo que todos fazemos juntos.

A ceia do Senhor distingue um grupo inteiro de cristãos como um só corpo, sinalizando uma divisão entre eles e o mundo ao seu redor. E, ao traçar uma divisão entre a igreja e o mundo, o batismo e a ceia do Senhor traçam uma linha divisória em torno da igreja. As ordenanças tornam possível apontar para algo e dizer "é uma igreja" em vez de apenas apontar para muitos e dizer "são cristãos".

Imagine que um cristão chega a uma nova cidade, prega o evangelho, e algumas pessoas vêm a Cristo ao mesmo tempo. Esse cristão batiza cada um deles. Como e quando aquelas pessoas que vieram a Cristo se tornam uma igreja? Sugiro que a resposta mais básica e essencial seja: quando celebram juntas a ceia do Senhor. Lembre-se de que celebrar a ceia do Senhor expressa o nosso compromisso com Cristo e de uns com os outros. Receber os benefícios de Cristo na ceia do Senhor é receber o povo de Cristo como irmãos e irmãs. Na própria ceia do Senhor, fazemos o compromisso uns com os outros que nos distingue de "alguns cristãos" para uma "igreja local". Na própria ceia do Senhor, nos reunimos como um só corpo. Como Paulo diz: "Porque nós, embora muitos, somos unicamente um pão, um só corpo; porque todos participamos do único pão" (1Co 10.17).

Por uma questão de prudência, penso que geralmente é sábio que as igrejas esclareçam o que estão fazendo quando constituem uma igreja por meio de uma promessa verbal que os membros fazem uns aos outros. Nas tradições congregacionais e batistas, isso, muitas vezes, é chamado de "pacto da igreja" e, às vezes, é recitado por toda a igreja sempre que celebram a ceia do Senhor. Acho que essa é uma ótima prática. Mas isso não significa que o nosso compromisso verbal cria a igreja à *parte de* nossa participação juntos na ceia do Senhor. Em vez disso, o compromisso verbal explícito de um pacto da igreja simplesmente explicita o que está implícito na ceia do Senhor. Um pacto da igreja feito de modo verbal ajuda o nosso entendimento, lembrando-nos exatamente daquilo que estamos fazendo quando partilhamos do pão e do vinho.

Novamente, creio que o início de uma igreja é um pouco semelhante ao início de um casamento. A analogia é imperfeita, como todas são, mas pode nos ajudar. Um casamento surge quando um homem e uma mulher pronunciam os votos, um ministro ou outro oficiante legal os declara casados e o casal consuma o seu casamento. O voto "eu aceito" inicia o novo relacionamento, mas esse novo relacionamento não é confirmado até que o marido e a esposa selem a sua união fisicamente.

De modo semelhante, uma reunião de crentes não é uma igreja local até que eles selem a sua união de uns com os outros por meio da ceia do Senhor. Se um grupo de crentes que pretendia ser uma igreja nunca celebrou a ceia do Senhor juntos, eles não apenas estariam desobedecendo a Jesus, mas, em um sentido real, eles ainda não seriam uma igreja. A ceia do Senhor consuma o compromisso pelo qual os cristãos se tornam uma igreja.

Como a ceia do Senhor cria uma igreja local? Juntamente com o batismo, a ceia do Senhor é o modo como um povo evangélico forma um governo evangélico. A ceia do Senhor é como os cristãos se unem, se comprometem uns com os outros e se transformam de "muitos" em "um só". Na ceia do Senhor, nossa comunhão com Cristo cria comunhão uns com os outros. A ceia do Senhor faz de muitos um só.

SIMPLICIDADE MARAVILHOSA

Há uma simplicidade maravilhosa para o propósito de Deus para a igreja. O que é necessário para constituir uma igreja? Pregação evangélica que cria o povo evangélico que participa das ordenanças evangélicas. A igreja é a estrutura em que o evangelho e as suas ordenanças formam o povo de Deus. O batismo une um a muitos, e a ceia do Senhor une muitos em um só.

O batismo e a ceia do Senhor inscrevem o evangelho na própria forma e estrutura da igreja. O que faz com que "muitos em um" sejam os sinais do evangelho. Quando os cristãos se unem para formar uma igreja, eles não estão se afastando do evangelho, mas estão se aprofundando mais nele.

PARTE 3

Celebrando a ceia do Senhor

CAPÍTULO 8

QUE REUNIÃO PODE CELEBRAR A CEIA DO SENHOR?

Agora que vimos um pouco sobre o que a ceia do Senhor é e faz, a pergunta que naturalmente segue é: "Quem deve celebrar a ceia do Senhor?". E, na verdade, há três questões nessa pergunta. Cada uma é importante, então cada uma terá o seu próprio capítulo. Nos próximos dois capítulos, perguntaremos: Quem pode participar da ceia do Senhor? Quem deve conduzir a ceia do Senhor?

Mas a primeira questão a se considerar é: "Que reunião pode celebrar a ceia do Senhor?". Os indivíduos podem celebrá-la sozinhos? E as famílias? E os ministérios universitários? E os grupos pequenos da igreja?

Neste capítulo, argumentarei que apenas uma igreja local, reunida como igreja, está autorizada a celebrar a ceia do Senhor. A ceia do Senhor afeta a unidade da igreja. Ela une muitos em um. É por isso que a ceia do Senhor pertence à igreja e só deve ser celebrada pela igreja, como uma igreja.

Antes de falar mais sobre isso, reconheço que muitos cristãos que celebram a ceia do Senhor em outros contextos fazem isso com nenhuma outra intenção, senão a de honrar Cristo e obedecer à sua Palavra. A prática de algumas pessoas pode ser fundamentada em diferentes convicções teológicas sobre a natureza da igreja. Outros simplesmente ainda não consideraram até que ponto a Escritura vincula a celebração da ceia do Senhor à igreja local. Com isso em mente, voltemos às Escrituras.

A única descrição detalhada da celebração da ceia do Senhor que temos no Novo Testamento é encontrada em 1 Coríntios 10–11, e é por isso que já dedicamos tanto tempo a esses capítulos. Mas, vamos considerar novamente como Paulo descreve o contexto em que os Coríntios celebravam a ceia do Senhor:

- "Porquanto vos ajuntais, não para melhor, senão para pior" (11.17);
- "Porque antes de tudo ouço que, quando vos ajuntais na igreja, há entre vós dissensões" (11.18);
- "De sorte que, quando vos ajuntais num lugar, não é para comer a ceia do Senhor" (11.20);

- "Portanto, meus irmãos, quando vos ajuntais para comer, esperai uns pelos outros [...] para que não vos ajunteis para condenação" (11.33–34).

Paulo dirige essa carta "à igreja de Deus que está em Corinto, aos santificados em Cristo Jesus, chamados para ser santos" (1Co 1.2). Ele não está escrevendo para uma parte ou para um subgrupo seleto da igreja. Em vez disso, ele está escrevendo para toda a igreja de Corinto. E, nessas cinco vezes no capítulo 11, ele descreve os Coríntios se reunindo como um só, todos eles, no mesmo lugar e ao mesmo tempo. No versículo 18, Paulo diz explicitamente que nessa reunião eles "se reúnem como igreja" (NVI). Quando toda a igreja se reúne para o culto, a *igreja* está presente de forma especial.

Você poderia dizer que um grupo de pessoas "se reúne como time" na noite do jogo de basquete. Todos pertencem ao time durante o restante da semana. E isso é evidenciado em todos os tipos de práticas: seu cronograma, seu treinamento e assim por diante. Mas há um sentido especial em que o time *existe*, como time, quando todos se reúnem para jogar. Eles se reúnem para fazer a única coisa que os torna um time. E eles só podem fazê-lo ao estarem todos juntos, como um time.

Assim, Paulo assume que há um momento em que a igreja se reúne *como uma igreja*, e é nessa reunião que *a igreja* celebra a ceia do Senhor. Isso se harmoniza perfeitamente com 1 Coríntios 10.17: "Porque nós, embora muitos, somos unicamente um pão, um só corpo; porque todos participamos do único pão". Como vimos no último capítulo, nesse versículo, Paulo ensina que a ceia do Senhor realmente desempenha um papel no estabelecimento de uma igreja como igreja. A ceia do Senhor consuma a unidade da igreja, não muito diferente de como a união física de um casal consuma o seu casamento. A ceia do Senhor é celebrada pela igreja, como igreja, porque ela proclama a unidade da igreja.

Isso significa que apenas a igreja local deve celebrar a ceia do Senhor, e deve celebrá-la em uma reunião de toda a igreja. A ceia do Senhor não deve ser celebrada por um outro grupo, senão a igreja, como um ministério familiar ou universitário, ou em um retiro ou aula da faculdade. E ela não deve ser celebrada apenas por uma parte da igreja à parte do todo, como um grupo de jovens, ou equipe de missões, ou a noiva e o noivo em um casamento. Ela não deve ser celebrada por um capelão militar — a menos que, é claro, os soldados a quem ele esteja ministrando constituam uma igreja juntos. E, apesar da compaixão louvável por trás dessa prática, ela não deve ser "levada" àqueles que estão em casa ou no hospital.

Isso também significa que a ceia do Senhor não deve ser celebrada por pequenos grupos, ou por comunidades missionárias, ou seja, lá como for que você os chame, se esses grupos são apenas uma parte de uma igreja. A ceia do Senhor faz do corpo um — todo o corpo. Então, se você tem vários grupos celebrando a ceia do Senhor, separados uns dos outros, você tem várias igrejas. E essas igrejas devem ter seus próprios líderes, sua própria autoridade sobre questões de membresia e de disciplina, e assim por diante.

A ceia do Senhor é a refeição onde toda a família se senta juntamente. Fazer da ceia do Senhor outra coisa que não seja uma refeição celebrada por toda a igreja é fazer algo diferente da ceia do Senhor.

Celebrar a ceia do Senhor apenas em uma reunião da igreja como um todo não minimiza a ceia do Senhor. Em vez disso, coloca a ceia do Senhor no pedestal que Jesus nos deu: o momento em que todo o corpo se reúne. Ao mantermos a ceia do Senhor como uma refeição *da igreja*, preservamos o papel bíblico da Santa Ceia de ratificar a unidade da igreja. A ceia do Senhor define a nossa identidade como igreja e expressa a nossa unidade como igreja exatamente porque fazemos isso juntos.

Ao celebrar a ceia do Senhor como igreja, recordamos que, no corpo de Cristo, o todo é maior do que a soma das partes. Lembramo-nos de que pertencer a Cristo significa pertencer uns aos outros — a *todos* os outros membros do corpo. Lembramo-nos de que, apesar de sermos muitos em Cristo, somos um, porque todos partilhamos de um pão, e todos bebemos de um cálice.

CAPÍTULO 9

QUEM PODE PARTICIPAR DA CEIA DO SENHOR?

A próxima pergunta que precisamos fazer é: "Quem pode participar da ceia do Senhor?". Todos são bem-vindos à mesa, sejam cristãos ou não cristãos, batizados ou não batizados? Neste capítulo, argumentarei que a ceia do Senhor é para crentes batizados que pertencem a uma igreja.

Essa é uma questão importante e contestada. Muitos cristãos têm opiniões e convicções firmes que diferem daquilo que argumentarei aqui. E não há uma única passagem da Escritura que aborde essa questão diretamente e em detalhes. Então, para chegar a uma resposta bíblica para a nossa pergunta, precisaremos unir e extrair as implicações dos ensinos das Escrituras sobre a ceia do Senhor, sobre o batismo e sobre a igreja local.

A CEIA DO SENHOR É PARA CRENTES

Em primeiro lugar, a ceia do Senhor é para crentes. É para aqueles que confiam em Jesus para salvá-los de seus pecados. Isso não é terrivelmente controverso. Alguns cristãos têm afirmado que a ceia do Senhor deve ser oferecida a todos aqueles que desejam participar, e que isso pode ajudar a converter as pessoas a Cristo. Mas vimos no capítulo 6 que participar da ceia do Senhor é renovar a sua profissão de fé em Cristo e o seu compromisso com Cristo e com o seu povo. Somente os crentes devem participar porque o ato em si proclama: "Eu creio neste Jesus que entregou o seu corpo e derramou o seu sangue para me salvar".

Além disso, apenas os crentes devem participar da ceia do Senhor, porque participar indignamente da ceia carrega a ameaça de juízo. Paulo diz que aquele que comer sem discernir a conexão entre confiar em Cristo e amar o seu povo "será réu do corpo e do sangue do Senhor" (1Co 11.27). Por definição, um incrédulo não discerne essa conexão ou não vive à luz disso. Um não cristão nem confia em Cristo nem ama o povo de Cristo.

Então, a coisa mais amorosa que uma igreja pode fazer é instruir os não cristãos a não participarem dessa refeição familiar da igreja. Em vez disso, a ceia do Senhor deve despertar o interesse dos não cristãos em Cristo. Deve servir como um lembrete a eles de que, até que confiem em Cristo, eles não pertencem a Cristo ou à sua igreja. Até que eles confiem em Cristo, as bênçãos que a ceia do Senhor anuncia diante de nós — perdão, reconciliação, segurança e esperança — ainda não pertencem a eles.

Os não cristãos que frequentam a sua igreja devem se sentir tanto acolhidos quanto excluídos. Eles devem ser bem-vindos para a participação na adoração, bem-vindos a participar de todos os cultos públicos. Os membros devem recebê-los, fazer amizade com eles, amá-los e ajudá-los. Se eles têm pensado que os cristãos são distantes ou justos em si mesmos, a calorosa recepção de sua igreja deve afastar tais percepções.

Mas, ao mesmo tempo, os não cristãos que frequentam a sua igreja também devem se sentir excluídos. Eles devem desejar o tipo de intimidade e unidade que vocês têm com Cristo e uns com os outros. E eles devem se tornar cada vez mais conscientes de que, a menos que se arrependam e confiem em Cristo, eles simplesmente não experimentarão essa unidade íntima. O fato de que a ceia do Senhor é apenas para os crentes realmente evidencia o evangelho e lembra os não cristãos de sua necessidade de Cristo. Os elementos passam por eles porque eles estão rejeitando a Cristo. E esses elementos que passam por eles também devem servir como um convite: "Venham a Cristo! Convertam-se do pecado e confiem nele!".

A CEIA DO SENHOR É PARA CRENTES BATIZADOS

Em segundo lugar, a ceia do Senhor é para crentes batizados.[4] O batismo é onde a fé se torna pública (At 2.38-41). É assim que nos comprometemos publicamente com Cristo e com o seu povo. É assim que a igreja afirma a profissão de fé de um crente e o identifica com o Senhor Jesus. É isso que significa ser batizado "em o nome" do Pai, do Filho e do Espírito Santo (Mt 28.19). O batismo é como um crente se manifesta à igreja e ao mundo como um cristão. É *como* professamos publicamente a fé em Cristo. E a ceia do Senhor, como vimos, é o modo como renovamos regularmente a nossa profissão de fé em Cristo. É como reafirmamos repetidamente o nosso compromisso com Cristo e com o seu povo. E a questão é que você deve fazer uma profissão de fé antes de poder renovar essa profissão. A ceia do Senhor não é uma refeição privada entre amigos, mas a celebração pública, feita pela igreja, da comunhão com Cristo e de uns com os outros. É por isso que apenas aqueles que foram batizados, apenas aqueles que foram a público como cristãos, podem celebrar.

---

4 Para mais informações sobre todas as questões discutidas nesta seção, veja os livros *Entendo o Batismo* e *Going Public: Why Baptism Is Required for Church Membership* (Nashville, Tennessee: B&H Publishing Group, 2015).

Lembre-se de que vimos que o batismo é o sinal de juramento inicial da nova aliança, e a ceia do Senhor é a renovação de seu sinal de juramento. Ambos são atos que comunicam compromisso. E você deve assumir o compromisso antes de poder renová-lo.

E quanto aos crentes que foram "batizados" enquanto bebês? As igrejas devem admiti-los na ceia do Senhor? Certamente, as igrejas que batizam crianças o farão! Mas eu gostaria de argumentar que as igrejas que ensinam e praticam o credobatismo — que apenas os crentes em Jesus devem ser batizados — só devem admitir à ceia do Senhor aqueles que foram batizados como crentes. E estou convencido de que, por causa de tudo o que o batismo é e faz de acordo com as Escrituras, apenas os que creem devem ser batizados.

Na verdade, eu argumentaria que o batismo infantil simplesmente não é o batismo. O batismo, como vimos, é o ato de uma igreja de afirmar e representar a união de um crente com Cristo, imergindo-o em água, e o ato de um crente se comprometer publicamente com Cristo e com o seu povo. Sem uma profissão de fé, não há batismo. Não é que o batismo infantil apresente algum defeito, como um tornozelo torcido ainda é um tornozelo. Em vez disso, o batismo infantil não é o batismo. Aqueles que foram "batizados" quando infantes não foram realmente batizados, então eles ainda precisam ser.

Assim, as igrejas devem admitir apenas os crentes batizados — ou seja, aqueles batizados como crentes — à ceia do Senhor. Professar a fé vem antes de renovar a profissão de fé. Comprometer-se com Cristo e com o seu povo vem antes de reafirmar esse compromisso. Ir a público como crente vem antes de celebrar a refeição pública de comunhão da igreja.

A CEIA DO SENHOR É PARA CRENTES BATIZADOS QUE PERTENCEM A UMA IGREJA

Em terceiro lugar, a ceia do Senhor é para crentes batizados que pertencem a uma igreja. No Novo Testamento, vir a Cristo era entrar para a igreja. No Pentecostes, aqueles que creram e foram batizados foram acrescentados à igreja naquele mesmo dia (At 2.38–41). Onde quer que o evangelho chegasse e as pessoas fossem a Cristo, as igrejas surgiam (At 14.23, 15.41, 16.5, 18.22). Tornar-se cristão é tornar-se membro do corpo de Cristo, um irmão ou irmã em sua família, uma pedra viva em seu santo templo (1Co 12.12–26; Mt 12.46–50; Ef 2.21–22; 1Pe 2.4–5). De acordo com o Novo Testamento, não deve haver cristãos sem igreja. Todo cristão deve pertencer a uma igreja.

Temos uma breve consideração sobre isso em 1 Coríntios 5. Paulo está exortando os Coríntios a não terem comunhão com pessoas que afirmam ser cristãs, mas que vivem como pagãos. Seu argumento *não* é que eles não deveriam se associar com não cristãos, "pois, neste caso, teríeis de sair do mundo" (v. 10). Antes:

> Mas, agora, vos escrevo que não vos associeis com alguém que, dizendo-se irmão, for impuro, ou avarento, ou idólatra, ou maldizente, ou beberrão, ou roubador; com esse tal, nem ainda comais. Pois com que direito haveria eu de julgar os de fora? Não julgais vós os de dentro? Os de fora, porém, Deus os julgará. Expulsai, pois, de entre vós o malfeitor (vv. 11-13).

Os cristãos não devem ter comunhão com aqueles que dizem pertencer a Cristo, mas contradizem essa alegação por seu pecado impenitente. Eles não devem exercer esse julgamento em relação aos de fora, os não cristãos, mas em relação a "alguém que diz ser irmão" e está "dentro" da igreja (vv. 11-12). Paulo assume que alguém pode estar dentro da igreja de Corinto ou fora dela. Dentro, estão aqueles que professam fé em Cristo, e fora, estão aqueles que não fazem tal profissão. E, em circunstâncias tristes, mas, às vezes, necessárias, a igreja precisa remover aqueles que afirmam ter fé em Cristo, mas cujas vidas afirmam o contrário.

Portanto, as igrejas locais devem ter uma definição clara de "dentro" e de "fora", e todos aqueles que professam a fé em Cristo devem estar "dentro". É o lugar ao qual eles pertencem. Qualquer pessoa que afirma crer em Cristo, mas não pertence propositadamente a uma igreja, distorce radicalmente a vida cristã. Os tais estão contradizendo a sua identidade básica como cristãos. Eles não conseguem dar os primeiros passos — pertencer, se submeter, comparecer a cada semana — no caminho para cumprir os mandamentos bíblicos de "uns com os outros". Um cristão que não pertence a uma igreja local é como um tijolo que saiu da parede, uma mão que se separou do corpo, alguém que fez de si mesmo um órfão.

E, como já vimos, a ceia do Senhor é uma refeição para a igreja. A ceia faz com que os muitos membros da igreja sejam um só corpo. Se um cristão professo não pertence a uma igreja, sua vida está em desacordo com essa realidade. Ele precisa entrar no corpo antes de poder celebrar a comunhão do corpo. Ele precisa se unir à família antes de se sentar à mesa com a família. Ele precisa se comprometer com a igreja antes de poder renovar esse compromisso na ceia do Senhor.

ONDE A IGREJA É EVIDENCIADA

No capítulo 7, vimos que a ceia do Senhor faz de muitos um só (1Co 10.17). A ceia constitui a igreja local como um corpo distinto e unificado. Em outras palavras, a ceia do Senhor é onde a igreja é evidenciada. Falando mais tecnicamente, a ceia do Senhor é um sinal efetivo da existência da igreja como igreja e da membresia de um indivíduo na igreja. Portanto, a ceia do Senhor é o lugar onde a inclusão à igreja e a exclusão da igreja ocorrem. Ser admitido à membresia da igreja é ser admitido na participação regular na ceia do Senhor. A membresia à igreja é simplesmente uma admissão regular à mesa. Os membros da igreja são aqueles que são autorizados pela igreja a partilharem regularmente e quem de fato o faz.

O outro lado disso é que a exclusão da igreja também acontece na ceia do Senhor. O que é necessário para a membresia à igreja não é a perfeição, mas o arrependimento sincero e contínuo. Os cristãos são aqueles que se converteram do pecado e confiaram em Cristo e, que, continuamente, se convertem do pecado e confiam em Cristo. O que acontece se um cristão deixa de se arrepender do pecado? Jesus nos instrui a rogar a essa pessoa que se arrependa — primeiramente em particular e progressivamente de modo público. Se a pessoa persistir na impenitência, eventualmente a igreja deve excluir o indivíduo, tratando-o como um gentio (Mt 18.15–17). O objetivo durante o processo, e mesmo nessa etapa final, é que o indivíduo se arrependa e seja restaurado (2Co 2.6–8).

O que significa para uma igreja excluir alguém de sua membresia? Em primeiro lugar, significa que a pessoa não deve mais participar da ceia do Senhor.

A pessoa não é recebida na refeição da família. Então, até que tal pessoa se arrependa, a igreja não deve tratá-la como um irmão ou uma irmã.

A ceia do Senhor torna a igreja visível: *aquelas* pessoas que compartilham a comunhão com Cristo e uns com os outros *são* a igreja. Ser regularmente admitido à ceia do Senhor é estar na igreja; ser excluído da ceia do Senhor é estar fora. A ceia do Senhor é onde a igreja é evidenciada.

SOMENTE MEMBROS DE UMA IGREJA?

Isso significa que apenas os membros de uma igreja devem participar da ceia do Senhor? Mesmo um crente batizado que pertence a outra igreja deve ser excluído? Alguns cristãos que eu respeito assumem essa posição, mas eu discordo. Aqui estão duas razões:

Em primeiro lugar, em Atos 20, lemos como Paulo, Lucas e vários outros discípulos viajaram para Trôade e se encontraram com a igreja ali. O versículo 7 diz: "No primeiro dia da semana, estando nós reunidos com o fim de partir o pão". Não afirmo absolutamente, mas acho mais provável que isso se refira à reunião da igreja para celebrar a ceia do Senhor. E Lucas inclui a si mesmo e os seus companheiros de viagem no "*nós*" que se reuniram para esse fim. Em outras palavras, esse parece ser um exemplo bíblico de "comunhão de visitantes". Os cristãos que não eram membros de uma igreja local particular — neste caso, porque não moravam naquela cidade — aparentemente se unem à celebração da ceia do Senhor daquela igreja.

Em segundo lugar, mesmo que esse exemplo bíblico não seja conclusivo, não acho que as igrejas devam tratar a residência de longa duração em determinado lugar como pré-requisito para a ceia do Senhor. Pense em uma igreja local com oito membros. Se um desses membros trouxesse um amigo cristão de outra cidade para a reunião da igreja, a igreja poderia facilmente saber quem era a pessoa, como ela se tornou cristã, se ela é batizada, e assim por diante, no decorrer da reunião. E eu argumento que a igreja não teria razão para excluir aquele indivíduo da ceia do Senhor.

Se esse amigo de outra cidade realmente se mudou para a cidade, a princípio, não há razão por que ele não poderia se tornar um membro da igreja em sua primeira semana ali. E se ele poderia ser acrescentado à igreja em seu primeiro domingo, não vejo uma razão para excluí-lo da comunhão se ele estiver ali apenas por um domingo. A princípio, qualquer pessoa qualificada para se unir à igreja é qualificada para participar da ceia do Senhor.

"A membresia da igreja" é um nome que damos à relação entre uma igreja e um cristão, o que a participação regular na ceia do Senhor implica e, de certo modo, estabelece. Os indivíduos que apenas visitam uma igreja durante uma semana não se tornam membros da igreja, porque não estarão vivendo o seu discipulado a Jesus nesse corpo local. Mas se eles fossem recebidos à membresia caso permanecessem por mais tempo, e se eles já são membros em outro lugar, então eu argumento que eles deveriam ser recebidos à ceia do Senhor como visitantes.

RESUMINDO

Em suma, penso que as igrejas devem receber para a ceia do Senhor e, portanto, receber à membresia da igreja, crentes em Jesus, batizados e que pertençam a uma igreja. Por definição, os membros de uma igreja são bem-vindos à mesa. Além disso, penso que uma igreja deveria receber à mesa outros crentes batizados que pertençam a uma igreja evangélica.

Como uma igreja realmente deve comunicar os critérios para participação? Isso variará dependendo do contexto e do tamanho da igreja. Mas é importante observar que a autoridade da igreja é declarativa, não coercitiva. Quem conduz a ceia do Senhor deve esclarecer verbalmente quem deve participar da ceia do Senhor, e os indivíduos devem respeitar a declaração da igreja. Se alguém que não deveria estar participando ainda assim participa, uma palavra branda pode ser pronunciada, mas não um ato físico de coerção ou restrição.

O que exatamente uma igreja precisará dizer de modo público a fim de esclarecer quem deve participar na ceia irá variar de acordo com o que pode ser considerado como certo e onde é provável que haja confusão ou mal-entendido. Falando em um contexto ocidental urbano, eu recomendaria que a pessoa que conduz a ceia dissesse algo como: "Se você é um membro desta igreja, ou se é um membro de outra igreja evangélica, e foi batizado como um crente em Jesus, pode participar".

A ceia do Senhor é para os crentes batizados que pertencem a uma igreja. A ceia reafirma o nosso compromisso com Cristo, por isso ela é para aqueles que estão comprometidos com Cristo. A ceia torna a igreja visível, por isso ela é para aqueles que se identificaram visivelmente como cristãos no batismo. A ceia é a refeição da igreja, por isso ela é para aqueles que pertencem a uma igreja.

CAPÍTULO 10

QUEM DEVE CONDUZIR A CEIA DO SENHOR?

Dois capítulos atrás, fiz a pergunta: "Quem deve celebrar a ceia do Senhor?". E, nos dois últimos capítulos, considerei dois elementos diferentes dessa pergunta: Que reunião pode celebrar a ceia do Senhor? E, quem deve participar da ceia do Senhor? Agora, chegamos à última pergunta desse tópico: Quem deve conduzir a ceia do Senhor?

Minha resposta simples é que se uma igreja tiver um pastor ou pastores, um dos pastores deve conduzir a ceia do Senhor. Se uma igreja não tem um pastor, eles devem decidir coletivamente qual dos seus membros é mais qualificado — provavelmente, quem ensina a Bíblia regularmente.

Por que um pastor deve conduzir a ceia do Senhor? Por dois motivos. Primeiramente, a ceia do Senhor é um ato da igreja, e pastores são aqueles que foram ordenados para liderar a igreja. Toda a igreja é responsável por ouvir e prestar atenção à Palavra, e os pastores são aqueles especialmente responsáveis por pregar e ensinar a Palavra (1Tm 3.2; Tt 1.9). De modo semelhante, sugiro que, enquanto toda a igreja é responsável por celebrar corretamente a ceia do Senhor, o papel de liderança geral dos pastores torna apropriado que eles conduzam a celebração da ceia.

Em segundo lugar, a ceia do Senhor é uma "Palavra visível". Ela dramatiza o evangelho. Ela apresenta os acontecimentos do evangelho aos nossos olhos, mãos e boca. E, como vimos, os pastores são aqueles separados para proclamar a Palavra. Já que existe uma íntima ligação entre a Palavra pregada e a Palavra feita visível e tangível na ceia do Senhor, os mesmos homens separados para a pregação também devem conduzir a ceia.

Mas eu penso que há circunstâncias excepcionais. Nem toda igreja tem um pastor ou pastores. Ocasionalmente, a plantação de uma igreja pode ser um esforço de uma equipe. Pessoas podem ter se unido como uma igreja, mas ainda não ter um pastor ou pastores formalmente reconhecidos. Ou, talvez mais comumente, uma igreja já estabelecida pode perder seu pastor e não ter outro por algum tempo. A igreja plantada não pode celebrar a ceia do Senhor ainda, e tal igreja já estabelecida não a deve celebrar mais?

Eu acho que essas igrejas podem celebrá-la, e por esta razão: A Bíblia ensina que os pastores são um dom de Cristo para a sua igreja. Toda igreja deve ter um pastor. Na verdade, toda igreja deve buscar vários pastores, uma vez que uma pluralidade de líderes da igreja — chamados de modo intercambiável de pastores, presbíteros e bispos — é o padrão evidente do Novo Testamento (At 14.23, 20.17, 28; Ef 4.11–12; Fp 1.1; 1Tm 3.1–7; Tt 1.5–9; Tg 5.14).[5] Mas se por um lado, os pastores são um elemento em uma igreja bem ordenada (Tt 1.5), e são necessários para a saúde e o bem-estar a longo prazo de uma igreja (Ef 4.11–16), por outro lado, eles não são essenciais para a existência de uma igreja. Você pode ter uma igreja antes de ordenar um pastor e depois de perder ou remover um pastor.

Considere, por exemplo, que, quando Paulo e Barnabé viajaram por Listra, Icônio e Antioquia, eles ordenaram presbíteros em todas as igrejas (At 14.23; veja Tt 1.5). As igrejas precisavam de presbíteros, então Paulo e Barnabé lideraram o processo de ordená-los. Mas as igrejas existiam antes que tivessem presbíteros. O texto não diz: "Paulo e Barnabé nomearam presbíteros para que houvesse uma igreja". A igreja veio primeiro.

---

5 Para uma discussão mais aprofundada, veja *Entendendo a liderança da igreja*, por Mark Dever, nesta série.

Uma vez que a ceia do Senhor é a refeição da igreja, a igreja tem autoridade para celebrá-la, mesmo nessas circunstâncias excepcionais em que uma igreja não tem pastores para liderá-la. Em tal situação, a igreja deve chegar a um consenso sobre quem é mais capaz de liderar. Esse indivíduo deve ser um membro da igreja. Ele deve ser piedoso e confiável. E, idealmente, essa deve ser uma pessoa que serve, pelo menos, de algumas maneiras pastorais na ausência de um pastor formal, especialmente ensinando a Bíblia. Além disso, se você estiver em uma situação como essa, tudo o que posso dizer é: ore para que Deus dê à sua igreja sabedoria e unidade, e que ele rapidamente providencie pastores fiéis para liderarem e fortalecerem o corpo.

CAPÍTULO 11

COMO AS IGREJAS DEVEM CELEBRAR A CEIA DO SENHOR?

Como as igrejas devem celebrar a ceia do Senhor? Uma vez que você entra na esfera do "como", inevitavelmente haverá mais perguntas do que há espaço para responder. Igrejas de diferentes tamanhos, em diferentes contextos culturais, com diferentes histórias, enfrentarão diferentes desafios e oportunidades quando se trata de celebrar a ceia do Senhor.

Então, neste capítulo, não responderei a todas as perguntas que você possa ter nem tentarei estabelecer um roteiro exato que as igrejas precisam seguir. Em vez disso, esboçarei alguns pontos básicos que são claramente ordenados nas Escrituras ou são implicações claras do ensino das Escrituras. Discutiremos brevemente seis questões. As primeiras quatro são questões que creio que a Bíblia claramente instrui as igrejas a fazerem; as duas últimas, em minha opinião, são questões de liberdade.

REUNIÃO DE TODA A IGREJA

Em primeiro lugar, uma igreja deve celebrar a ceia do Senhor no contexto de uma reunião de toda a igreja. Essa é uma clara implicação de 1 Coríntios 10.17, como já consideramos. A ceia do Senhor é a refeição da igreja. Assim, a igreja deve celebrá-la em sua reunião regular de culto, da qual todos na igreja devem participar. Isso não significa que uma igreja só possa celebrar a ceia do Senhor se cada um dos membros estiver presente — "Ah, a irmã Sara está doente de novo, acho que não podemos ter a ceia do Senhor nesta semana". Em vez disso, simplesmente significa que a igreja deve celebrar a ceia do Senhor como uma igreja.

ESCLAREÇA O SIGNIFICADO

Em segundo lugar, a igreja deve deixar claro o significado da ceia do Senhor sempre que ela for celebrada. Como vimos no último capítulo, normalmente essa tarefa será do pastor que está conduzindo o culto. Na maioria das igrejas protestantes, o ministro conduz a ceia do Senhor, recitando e explicando as palavras de Jesus na Última Ceia, como estão preservadas nos ensinos de Paulo em 1 Coríntios 11. Eu creio que essa é uma prática sábia e saudável. A questão que precisamos entender é que a ceia do Senhor nos apresenta o evangelho de forma tangível e comestível. O pão e o vinho representam o corpo de Cristo partido por nós e o sangue de Cristo derramado por nós.

Um pastor não deve presumir que a mensagem desses símbolos é evidente para os seus ouvintes. Então, seja no sermão antes da ceia, ou na celebração da ceia, o pastor que a está conduzindo deve garantir a proclamação do evangelho toda vez que a igreja celebra a refeição que Jesus nos deu. Ele deve esclarecer o significado da ceia para todos os presentes.

ESCLAREÇA QUEM DEVE E QUEM NÃO DEVE PARTICIPAR

Em terceiro lugar, a igreja deve esclarecer quem deve participar e quem não deve. Como vimos no capítulo 9, a ceia do Senhor é uma refeição para crentes batizados que pertencem a uma igreja. Logo, aquele que está conduzindo a ceia do Senhor deve esclarecer quem deve tomá-la. Isso deve acontecer através de uma explicação simples e verbal.

Uma igreja não deve simplesmente mostrar um pouco de pão e de vinho e dizer: "A mesa está pronta". Tal atitude convida os incrédulos imprudentes e ignorantes a comerem e beberem juízo para si mesmos. A coisa mais amorosa a fazer é explicar que a ceia do Senhor é para aqueles que confiaram em Jesus para salvá-los e se comprometeram publicamente com Jesus e com o seu povo no batismo.

COMAM DO PÃO E BEBAM DO CÁLICE

Em quarto lugar, todos os que participam devem comer do pão e beber do cálice. Algumas igrejas, por tradição, praticam intinção, onde o pão é mergulhado no vinho e depois comido. Mas Jesus ordenou aos seus discípulos que comessem do pão e bebessem do cálice (Mt 26.26–28). Esses dois atos preservam o simbolismo distinto e complementar do corpo de Jesus entregue por nós e do seu sangue derramado por nós. Portanto, as igrejas devem celebrar a ceia do Senhor convidando todos os participantes a comerem do pão e a beberem do cálice.

COM QUE FREQUÊNCIA?

Em quinto lugar, com que frequência as igrejas devem celebrar a ceia do Senhor? Não tenho certeza absoluta quanto a isso. Por um lado, Jesus disse: "fazei isto, todas as vezes que o beberdes, em memória de mim" (1Co 11.25). Isso parece sugerir que as igrejas devem celebrar a ceia do Senhor frequentemente, mas não especifica com que frequência. Por outro lado, as referências de Paulo aos Coríntios celebrando a ceia do Senhor quando se ajuntavam como uma igreja parecem implicar que eles a celebravam a cada reunião da igreja (1Co 11.17–18, 20, 33–34). E, como já vimos, Atos 20.7 afirma: "No primeiro dia da semana, estando nós reunidos com o fim de partir o pão". Se eles se reuniam *"a fim de partir o pão"*, isso pode sugerir que a ceia do Senhor era uma parte essencial de sua reunião semanal.

Por razões como essas, algumas igrejas estão convencidas de que a observação semanal da ceia do Senhor é uma prática normativa para seguirmos. Há boas razões para vê-la dessa maneira, mas ainda não estou convencido disso. As palavras "todas as vezes que o beberdes" (1Co 11.25) parecem indicar um grau de flexibilidade. Então, acho que a frequência com que uma igreja celebra a ceia do Senhor é uma questão de prudência. Certamente, ela pode ser celebrada semanalmente. Seja semanal ou não, a ceia deve ser celebrada frequentemente.

COM UMA REFEIÇÃO?

Finalmente, como vimos em nosso estudo sobre 1 Coríntios 10–11, a igreja em Corinto claramente celebrava a ceia do Senhor no contexto de uma refeição completa. Lembre-se de que o termo "partir o pão" pode muito bem se referir à ceia do Senhor em Atos 20.7. O uso de uma expressão semelhante em Atos 2.46 para descrever uma refeição comum parece sugerir que "partir o pão" era uma refeição na qual se celebrava a ceia do Senhor (At 2.42). Isso significa que o Novo Testamento exige que as igrejas celebrem a ceia do Senhor no contexto de uma refeição?

Acho que não. O que Jesus nos ordenou fazer é comer o pão e beber o cálice. A ordenança da ceia do Senhor é o desempenho congregacional desses atos. Assim, não acho que comer uma refeição completa juntos seja a essência da ceia do Senhor. Esse não é um elemento necessário.

Contudo, celebrar a ceia do Senhor no contexto de uma refeição de toda a igreja é uma prática que amaria ver mais igrejas recuperarem. Isso ressalta a comunhão que partilhamos uns com os outros na ceia do Senhor; destaca que vamos à igreja para sermos a igreja. Sentar-se para uma refeição juntos é uma forma de demonstrar nossa aceitação uns dos outros em Cristo. E ter uma refeição com toda a comunidade como elemento no "culto" de uma igreja, em vez de simplesmente como uma confraternização opcional depois, comunica que a comunhão uns com os outros é uma parte essencial do que significa ser uma igreja.

Como eu disse, não acho que uma igreja tenha que celebrar a ceia do Senhor no contexto de uma refeição completa. Mas amaria ver mais igrejas fazendo isso.

MAIS A DIZER

Claro, há mais a dizer além do que eu disse aqui, mas espero que esses pontos breves forneçam algumas instruções bíblicas para a prática da ceia do Senhor de um modo que honre a Cristo e que edifique o corpo. Se você é pastor, oro para que Deus lhe dê sabedoria enquanto conduz a sua igreja na celebração da ceia do Senhor. Se você é um membro da igreja, espero que continue lendo, pois o próximo e último capítulo aborda como os indivíduos devem se aproximar da ceia do Senhor.

CAPÍTULO 12

COMO OS INDIVÍDUOS DEVEM SE APROXIMAR DA CEIA DO SENHOR?

A questão prática final a ser considerada é: Como você, um crente individual, deve se aproximar da ceia do Senhor? Tenho quatro encorajamentos a lhe oferecer:

OLHE PARA A CRUZ

Primeiramente, olhe para a cruz. O pão que você come e o cálice do qual você bebe são sinais de que Jesus deu a si mesmo por você. Quando Jesus entregou o seu corpo e deixou o seu sangue ser derramado, ele fez isso por você. Jesus suportou a vergonha e a agonia da cruz, e, sobretudo, a ira de Deus contra o pecado, por você. A ceia do Senhor nos proclama a salvação que Cristo realizou, consumou e completou na cruz. Ela nos proclama uma salvação que não devemos conquistar, mas receber.

Então, ao celebrar a ceia do Senhor com a sua igreja, olhe para a cruz. Olhe para a cruz com alegria e com admiração, com maravilha e ações de graças. Se você for tentado a crer que os seus pecados são muito grandes ou ruins demais para Deus os perdoar, olhe para a cruz. O sacrifício de Jesus é suficiente.

OLHE AO SEU REDOR

Em segundo lugar, olhe ao redor. Como vimos ao longo deste pequeno livro, a ceia do Senhor é a refeição da igreja. A ceia sela a nossa comunhão com Cristo e uns com os outros. Ela une a igreja, fazendo de muitos um só.

A ceia do Senhor não é uma experiência devocional privada que simplesmente envolve um grupo de outras pessoas fazendo a mesma coisa simultaneamente. Então, deleite-se no senso de unidade presente na ceia do Senhor. Não feche simplesmente os seus olhos e confesse os seus pecados; olhe ao seu redor e contemple aqueles que Cristo redimiu.

Use a ocorrência regular da ceia do Senhor para considerar se você tem pecados contra outros a serem confessados ou quaisquer falhas no corpo que você precise sanar. E se você descobrir algum pecado ou falha, então busque corrigi-los o mais rápido possível, mesmo que isso signifique uma conversa rápida e particular na igreja.

E regozije-se com a unidade na diversidade que a ceia do Senhor simboliza e sela. Nós somos muitos, ainda que sejamos um só. Todas as diferenças que ameaçam nos dividir são nada comparadas ao sangue que Cristo derramou para nos salvar e nos unir. Todos partilhamos do único pão; todos nós recebemos o mesmo Salvador. Como um moderno escritor de hinos o expressou: "Agora, os fortes e os fracos / são iguais sob o seu sangue. / De mãos vazias, todos devem vir / receber o seu amor sem fim".[6] Na ceia do Senhor, as divisões desaparecem. É por isso que a ceia do Senhor deve plantar uma busca apaixonada por unidade no coração de cada cristão.

Então, na ceia do Senhor, olhe ao seu redor. Lembre-se de que o mesmo Cristo que o salvou também salvou todos os irmãos e irmãs que estão sentados com você. Deleite-se no fato de que, ao ter Cristo como o seu Salvador, você tem o seu povo como a sua família.

OLHE ADIANTE

Em terceiro lugar, olhe adiante. Como vimos no capítulo 5, a ceia do Senhor não apenas olha de volta para a cruz; ela também aguarda o reino vindouro. Chegará o dia em que o próprio Cristo oferecerá um banquete para nós e celebrará conosco (Mt 26.29). Em breve, chegará o dia em que Deus oferecerá a maior festa de casamento para Cristo e sua noiva (Ap 19.7, 9).

---

6 Wesley Randolph Eader, *Victory in the Lamb*.

Olhe para todas as riquezas da comunhão com Cristo e com o seu povo que desfrutamos na ceia do Senhor; essa comunhão é apenas um antegozo. A ceia não é o prato principal, mas um aperitivo para o banquete que está por vir. Então, olhe adiante. Na morte e ressurreição de Cristo, Deus cumpriu as suas promessas de perdoar o seu povo: reconciliando-nos consigo mesmo e nos libertando da escravidão do pecado. E ele cumprirá a sua promessa de recriar o mundo, destruir a morte e unir o seu povo consigo mesmo para sempre. Então, enquanto você come o pão e bebe do cálice, olhe adiante com esperança e expectativa anelante. Deus está guardando o seu melhor para o fim.

OLHE PARA DENTRO DE SI MESMO E VOLTE A OLHAR PARA A CRUZ

Finalmente, olhe para dentro de si mesmo e volte a olhar para a cruz. A ceia do Senhor é um momento apropriado para se autoexaminar e confessar os seus pecados a Deus. O evangelho oferece perdão porque precisamos de perdão. Cristo derramou o seu sangue por nós porque somente a sua morte poderia nos resgatar do pecado. Então, na ceia do Senhor, devemos nos lembrar de nossa necessidade de perdão e devemos confessar a Deus de que modos temos estado aquém da sua glória.

Mas não pare por aí. Se a ceia do Senhor se tornar uma ocasião para agravar a sua culpa, então você está perdendo completamente a sua essência. A ceia do Senhor nos anuncia que a nossa culpa foi removida, que a nossa dívida está paga, que a nossa punição foi consumada e que os nossos pecados foram perdoados e esquecidos. Portanto, olhe para dentro de si mesmo e depois olhe de volta para a cruz.

TUDO DE NOVO

A essência da ceia do Senhor é o evangelho. O evangelho nos liberta do pecado. O evangelho nos reconcilia com Deus. O evangelho nos dá Deus como nosso Pai, Jesus como nosso irmão mais velho e todos os santos como irmãos e irmãs. O evangelho nos une a Cristo e uns aos outros.

E a ceia do Senhor ilustra e nos apresenta tudo isso: à nossa visão, ao nosso tato e ao nosso paladar. Na ceia do Senhor, temos comunhão com Cristo e, portanto, com o seu povo. Quando comemos o pão e bebemos do cálice, reafirmamos a nossa confiança em Cristo e o nosso compromisso com o seu povo. Quando celebramos a ceia do Senhor, abraçamos a Cristo novamente e também abraçamos todos aqueles que pertencem a ele.

FIEL MINISTÉRIO

O Ministério Fiel visa apoiar a igreja de Deus, fornecendo conteúdo fiel às Escrituras através de conferências, cursos teológicos, literatura, ministério Adote um Pastor e conteúdo online gratuito. Disponibilizamos em nosso site centenas de recursos, como vídeos de pregações e conferências, artigos, e-books, audiolivros, blog e muito mais. Lá também é possível assinar nosso informativo e se tornar parte da comunidade Fiel, recebendo acesso a esses e outros materiais, além de promoções exclusivas.

Visite nosso site:
www.ministeriofiel.com.br

VOLTEMOS AO EVANGELHO

O Voltemos ao Evangelho é um site cristão centrado no evangelho de Jesus Cristo. Acreditamos que a igreja precisa urgentemente voltar a estar ancorada na Bíblia Sagrada, fundamentada na sã doutrina, saturada das boas novas, engajada na Grande Comissão e voltada para a glória de Deus.

Desde 2008, o ministério tem se dedicado a disponibilizar gratuitamente material doutrinário e evangelístico. Hoje provemos mais de 4.000 recursos, como estudos bíblicos, devocionais diários e reflexões cristãs; vídeos, podcasts e cursos teológicos; pregações, sermões e mensagens evangélicas; imagens, quadrinhos e infográficos de pregadores e pastores como Augustus Nicodemus, Franklin Ferreira, Hernandes Dias Lopes, John Piper, Paul Washer, R. C. Sproul e muitos outros.

Visite nosso blog:
www.voltemosaoevangelho.com

LifeWay
Biblical Solutions for Life

WORDsearch Bible
Powered by LifeWay

myWSB
Powered by B&H Academic

A WORDsearch® Bible, um ramo da LifeWay Christian Resources, tem fornecido software de estudo bíblico de alta qualidade desde 1987, servindo aqueles que mudam vidas através da pregação e do ensino. O WORDsearch® oferece a pregadores, professores e alunos da Palavra de Deus milhares de Bíblias e livros que tornam o estudo da Escritura mais rápido, fácil e agradável. O WORDsearch® também está disponível gratuitamente para celular e tablets e também através do site MyWSB.com.

Para mais informações, visite:
www.wordsearchbible.com

E-BOOK GRATUITO

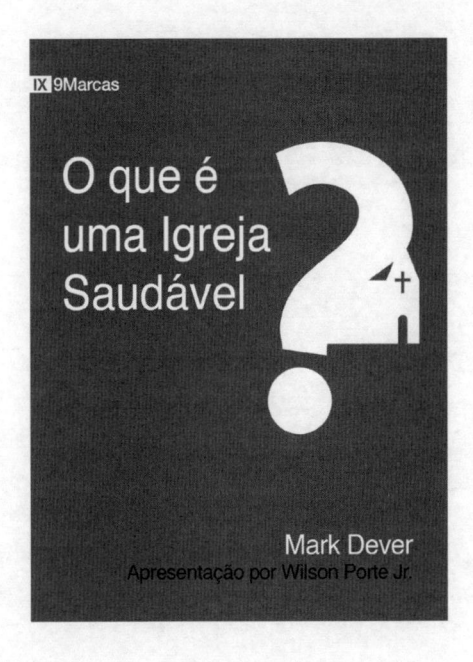

O que é uma Igreja Saudável?

Mark Dever
Apresentação por Wilson Porte Jr.

Sua igreja é saudável? Neste livro Mark Dever, procura ajudar os cristãos a reconhecer as características essenciais de uma igreja saudável: (1) Pregação Expositiva, (2) Teologia Bíblica, (3) Evangelho, (4) Conversão, (5) Evangelismo, (6) Membresia de Igreja, (7) Disciplina Eclesiástica, (8) Discipulado e (9) Liderança de Igreja.

Acesse e baixe gratuitamente:
www.ministeriofiel.com.br/ebooks

Esta obra foi composta em Granjon LT STD 13.5, e impressa
na Promove Artes Gráficas sobre o papel Off Set 70g/m2,
para Editora Fiel, em Setembro de 2020